Bangkok i ett nötskal

ERIC ARCHER

Bangkok i ett nötskal

Översättning av Kaj Jordison

Asia Revealed Publishing Company

Copy Right Asia Revealed Publishing Company
All rights reserved. No textual part of this publication may be reproduced, stored in a retrieval system, or transmitted, in any form or by any means, without the prior permission in writing from the publisher, nor be otherwise circulated in any form of binding or cover other than that in which it is published without a similar condition of approval.

© Asia Revealed Publishing Company
Omslag: Asia Revealed Publishing Company
Förlag: Asia Revealed Publishing Company,
Weston-super-Mare, United Kingdom
Tryck: Ingram/Lightning Source, 2018
ISBN: 978-1-912414-07-9

Innehåll

Förord 13
  När du landar i Bangkok 16
Taxi 17
Airport Limousine 17
Airport Rail Link 18
Lokalbuss BMTA 18
Public Van (minibuss) 19
Långfärdsbuss 19
  Lokaltrafiken i Bangkok 20
Skytrain och tunnelbana 20
Skytrain 21
Tunnelbana 22
Flodbåt 22
Kanalbåt 23
Färja 25
Buss 25
  Taxis, tuk-tuks och motorcyklar 27
Taxi 27
Tuk-tuk 28
Motorcykeltaxi 29

- Och nu då? 30
  - Bangkok 31
  - China Town 36
- Utflyktsmål i China Town 37
- Tempel i China Town 37
- Marknader i China Town 38
  - Floden Chao Phraya 40
- Koh Kret 40
- Flodkryssning 42
- Ayutthaya 43
  - Parker 45
- Benjasiri Park 46
- Lumpiniparken 47
- Rot Fai Park 48
- Suan Luang Rama 9 Park 50
  - Shoppingcentrum 52
- MBK 53
- Siam 54
- The Emporium 56
- Terminal 21 57
- Asiatique: The River Front 58

Pantip Plaza 59
    Marknader 61
Chatuchak Weekend Market 61
Pratunam Market 62
Bo Bae Market 63
    Vattenmarknader 65
Damnoen Saduak Floating Market 65
Amphawa Floating Market 66
Taling Chan Floating Market 67
    Nattmarknader 68
Khaosan Road 68
Patpong Night Market 69
Rot Fai Market 70
Suan Lum Night Bazaar Ratchada 71
    Barnens Bangkok 73
Art in Paradise 73
Bounce at Street 74
Dinosaur Planet 75
Dream World 76
Dusit Zoo 77
Fantasia Lagoon/Paradise Water Park 78

KidZania 79

Madame Tussauds 80

Safari World 81

Sea Life Bangkok Ocean World 82

Siam Niramit Show 83

Snake Farm 84

Snow Town & Kidzoona 85

Suan Siam Water Park/Siam Park City 86

Yoyo Land 87

    Tempelbesök 89

Wat Arun: Gryningstemplet............................ 90

The Grand Palace & Wat Phra Kaew.............. 91

Wat Pho: The Reclining Buddha 93

    Speciella restauranger 96

Baiyoke Tower II 96

Cabbages & Condoms...................................... 97

Vertigo Roof Top Restaurant 99

Grand China Princess Revolving Bar 100

    Michelinrestauranger 101

Nahm 101

J'aime... 102

- Vogue Lounge 102
  - Bangkok After Dark 104
- Soi Cowboy 105
- Patpong 106
- Nana Plaza 107
  - Nattklubbar 109
- RCA 109
- Klubbar på Sukhumvit....................................... 110
  - Udda utflykter 111
- Khaosan Road 111
- Khlong Toeys slum 112
- Cykelturer 114
- Museum of Death 115
- Wang Saen Suk Hell Garden 117
- Thaiboxning – Muay Thai.................................. 118
  - Tips inför resan 121
- För resor utanför Bangkok............................... 122
  - Bra att veta 125
- Sjukhus, kliniker och tandvård......................... 125
- Reseförsäkringar 126
- Trafiken.. 127

Sjukdomar och farliga djur 127

Eluttag och elledningar 129

Den thailändska polisen 129

Efterord 131

Asia Revealed Publishing Company

FÖRORD

Jag har bott och arbetat i Bangkok i drygt tio år och hittar fortfarande platser jag inte vetat någonting om – dessutom hinner det aldrig gå mer än en dryg vecka innan en kollega eller vän rekommenderar ett nytt ställe som man kan gå till för att shoppa, festa eller enbart koppla av.

Bangkok är med andra ord outtömligt, vilket självklart blir lite problematiskt när man kanske bara har ett par dagar på sig att utforska staden. Och med tanke på att Bangkok dessutom inte alltid är huvudmålet för en resa till Thailand, eftersom man i många fall enbart passerar på väg till öarna eller kuststäderna, så finns det en risk att man avfärdar denna juvel bland huvudstäder som inget mer än ett nödvändigt ont som måste genomlidas på ens väg mot den där kalla drinken på stranden.

Om sanningen ska fram så måste jag tillstå att den absolut roligaste, intressantaste, händelserikaste och på något udda vis även vackraste platsen i Thailand är just Bangkok. Här kan man hitta precis allt. På bara en dag är det möjligt att röra sig från ett fantasieggande tempel som verkar ha fastnat i historien till det rent ultramoderna i några av de största shoppingcentrumen i hela Sydostasien.

Eller varför inte gå från en närmast meditativ båttur omkring Bangkoks bortglömda öar till pulserande hög dansmusik bland stadens jetsettare. Dessutom finns det fler fler gröna oaser i Bangkok än man hinner utforska – inga i samma storlek som Central Park i New York, likväl stora nog för att man ska kunna glömma bort var man är.

Vad som däremot behövs, och vilket jag märkt efter att ha haft återkommande besök från familj och vänner, är ett slags snabbintroduktion till Bangkok för att göra staden lättare att ta till sig. För saken är den att allt i Bangkok kommer i minst tio olika uppsättningar på minst tio olika platser, och att åka till dem alla kan man bevisligen inte ens göra på tio år.

I *Bangkok i ett nötskal* har jag därför försökt att sätta samman ett slags "det bästa av det bästa" i kombination med tips och råd om alla de där smågrejorna som har en tendens att ställa till det för en när man är ute och reser på främmande mark. Det vill säga hur man tar sig från flygplatsen till stan på bästa möjliga sätt, vad man bör tänka på när man sätter sig i en taxi eller åker skytrain, var någonstans det är okej att pruta på priset, vad och vilka man bör undvika och så vidare och så vidare.

Boken avslutas med en sektion om praktiska angelägenheter så som försäkringar, sjukhus, sjukdomar, polisen och farliga djur tillsammans med viktig information om kulturella koder, sociala spelregler och allmänna tabun.

Asia Revealed Publishing Company

NÄR DU LANDAR I BANGKOK

Bangkoks största flygplats är Suvarnabhumi. Den är relativt modern med mycket personal som man kan fråga om råd. Däremot är det tillfälligtvis inte lika mycket personal vid passkontrollen och om man har otur, det vill säga att många internationella flyg landar på en och samma gång, kan viseringen ta upp emot en timme. Vad som är viktigt att komma ihåg är att immigrationsblanketten, som delas ut på flyget innan man landar, är korrekt ifylld när man visar upp den i passkontrollen. Annars finns det en risk, om man stöter på en överdrivet nitisk kontrollant, att man förpassas längst bak i kön igen.

Ute i ankomsthallen blir det däremot lite mer kaotiskt, och ett tips till alla nykomlingar till Bangkok är att inte låta sig övertalas av kringdrivande turistoperatörer eller chaufförer att följa med dem till deras fordon. Detta är inte bara ett mycket dyrt alternativ, utan även ett utan några som helst säkerhetsfunktioner. De godkända färdmedlen som erbjuds på Suvarnabhumi är sådana som är registrerade och kontrollerade av flygplatsen, och deras agenter är *inte* ute och rycker i folk.

Taxi

Det är skyltat till taxiståndet och på plats trycker man själv ut ett nummer från en automat och går till den anvisade bilen. Biljetten man fått är även en påminnelse om de extra 50 bahten som betalas av passageraren för att låta chauffören plocka upp en på flygplatsen. Därefter ska chauffören slå på taxametern. En chaufför som inte slår på taxametern ämnar lura en. I taxin finns det information om taxichauffören och bilen och i fall taxichauffören beter sig skumt är det tillrådligt att skriva ned denna information.

Under färden in till Bangkok, som tar mellan 20 och 60 minuter beroende på vart man ska, passerar man vägtullar och dessa erläggs av passageraren. Framme vid destinationen betalar man taxameterpriset plus biljetten från flygplatsen på för närvarande 50 baht. Dricks förväntas inte, men det bör påpekas att taxichaufförer i Bangkok tjänar ytterst lite för sina extremt långa timmar

Airport Limousine

Man kan boka en större bil på flygplatsen från någon av de många researrangörerna som har sina stånd tydligt uppmärkta. En så kallad limousine, som vanligtvis enbart är en något finare sedan, kostar uppemot 1000 baht till centrala Bangkok. Å andra sidan behöver man inte betala några vägtullar eller övriga avgifter utan det är denna enda summa från Suvarnabhumi som gäller.

Man betalar per bil, och inte per person, vilket gör kostnaden rejält låg om man är ett par som delar fordon.

Airport Rail Link

Bangkoks mycket bekväma skytrain har dragits hela vägen ut till Suvarnabhumi, precis som Arlandaexpress i Stockholm, och för en kostnad av max 45 baht kan man ta sig ända in till centrala Bangkok.

Detta är ett mycket snabbt och effektivt färdmedel, om man nu inte släpar runt på en massa bagage, eftersom man troligtvis måste fortsätta färden med ett annat fordon för att komma fram till sitt specifika hotell. Å andra sidan stannar Airport Rail Link vid ett par stationer som knyter an till Bangkoks skytrain. I övrigt finns det ett överflöd av taxibilar och tuk-tuks utanför samtliga stationer i Bangkok, vilket möjliggör smidiga byten.

Lokalbuss BMTA

Det billigaste alternativet för att ta sig in till Bangkok är lokalbussarna. Det finns fem linjer som börjar och slutar vid Suvarnabhumi och det är skyltat till stationerna inne på flygplatsen. För att försäkra sig om att man hamnar på rätt buss så bör man ladda ned, eller plocka upp på plats, en BMTA-karta, vilket är en detaljerad beskrivning över samtliga fasta busslinjer i Bangkok. Bussresan in till Bangkok går på under 40 baht och de alla stannar vid någon skytrain- eller tunnelbanestation.

Public Van (minibuss)

Ett konkurrerande färdmedel är minibussarna, som inte bara korsar Bangkok från den ena sidan till den andra, utan även hela Thailand. Minibussarna tar vanligtvis 10–14 passagerare och kostar drygt 40 baht per person. Minibussarna från Suvarnabhumi stannar vid de viktigaste knutpunkterna i Bangkok, där man i de flesta fall har tillgång till skytrain eller tunnelbana.

Långfärdsbuss

Det finns flera linjer som kör över hela Thailand med start i Suvarnabhumi. Ska man resa vidare kan detta vara ett alternativ eftersom man då slipper den extra resan in till busstationerna i centrala Bangkok. På flygplatsens hemsida finns samtliga långfärdsbussar listade, och man kan förboka via internet.

LOKALTRAFIKEN I BANGKOK

Att ta sig runt i Bangkok är relativt enkelt och det finns många alternativ att välja bland.

När man korsar gatan så får man inte glömma att det är vänstertrafik som gäller i Thailand, därtill bör man inte lita blint på trafikljusen. För faktum är att många förare i Bangkok har den dåliga vanan att gasa när det blir gult istället för att sakta ned, vilket innebär att det alltid är en handfull bilar, motorcyklar och tuk-tuks som passerar i sista sekund, eller när det redan har slagit om till rött. Å andra sidan får man inte tveka för länge eftersom man då aldrig kommer över gatan. Ett tips är att hänga på thailändarna när de korsar gatan, så länge det inte är rent ut sagt livsfarligt. I många fall finns det säkra alternativ i form av gångbroar, och om man bara går tillräckligt långt uppåt eller nedåt längs med en hårt trafikerad väg så dyker det förr eller senare upp en.

Skytrain och tunnelbana

Bangkoks skytrain, även kallad BTS, och tunnelbana, MRT, är två moderna och bekväma sätt att ta sig runt i Bangkok. Nackdelen är att det inte alltid är möjligt att hitta en station i närheten av ens destination. Å andra sidan finns det alltid någon form av taxi i anslutning till utgångarna.

Skytrain

Bangkoks skytrain är ett slags upphöjt tåg som löper i huvudsak från norra till södra Bangkok längs med två linjer som korsas på huvudstationen Siam (en tredje linje kommer att invigas inom kort). Stationerna längs med Sukhumvit Line och Silom Line ligger i anslutning till de livligaste och mest kommersiella delarna av Bangkok, vilket innebär att man ibland behöver kombinera färdmedel för att nå sin destination.

Bangkoks skytrain är luftkonditionerad och lätt att använda med mycket regelbundna avgångar. En enkelresa kostar 5–15 kronor per person och sträcka. Biljetten köper man själv i en biljettautomat, där man enkelt trycker in knappen på stationen man ska till för att sedan betala med mynt eller sedlar. Passerkortet används därefter i spärren för att sig upp till plattformarna, och det måste också användas för att lämna stationen när man väl har stigit av tåget. Kortet får således inte slängas efter att man har passerat de första spärrarna.

Om man inte har kontanter i låga valörer för köp av biljett i automaterna så kan man växla till sig det från personalen i biljettluckorna, som även säljer dags-, veckooch månadskort. Vid rusningstrafik och på stationer med många turister kan man även köpa enkelbiljetter från personalen i biljettluckorna. Många utflyktsmål och shoppingcentrum ligger i direkt anslutning till skytrainstationerna.

Tunnelbana

Bangkoks tunnelbana består för närvarande av endast en linje, vilket gör den osedvanligt enkel att använda. Nackdelen är, likt ovan nämnts angående Bangkoks skytrain, att man inte alltid kan ta sig tillräckligt nära sin slutdestination med just tunnelbanan. Å andra sidan ligger flera tunnelbanestationer i närheten av Bangkoks skytrain.

På tunnelbanan, liksom på Bangkoks skytrain, kan man inte betala kontant på själva tåget. På tunnelbanan måste man skaffa sig en typ av pollett som ser ut som en svart femkrona i plast, vilken man sedan använder för att ta sig ned till plattformarna. Man måste dessutom spara denna plastpollett för att kunna passera spärrarna när man lämnar tunnelbanesystemet.

Flodbåt

Ett av de intressantaste, och inte minst billigaste, färdmedlen i Bangkok är expressbåtarna som kör mellan förstaden Nonthaburi i norr och Ratburana i söder.

De finns tre linjer, trots att de alla trafikerar samma flod. Skillnaderna dem emellan är pirarna de angör till, och denna skillnad signaleras via flaggorna som sitter i aktern på båtarna. De snabbaste, vilket innebär att de enbart stannar vid de största pirarna, har gula eller gröna flaggor. De näst snabbaste, som stannar vid drygt hälften av pirarna, har orangea flaggor. Och de långsammaste, som stannar vid varje pir på båda sidorna av floden, har ingen flagga alls.

För vissa utflyktsmål, till exempel Gryningstemplet Wat Arun, är flodbåt det absolut snabbaste alternativet. Priset för expressbåtarna är 2–10 kr beroende på vilken flagga båten har och hur långt man planerar att åka.

Kanalbåt

Expressbåtarna färdas längs med floden Chao Phraya, som delar vad man skulle kunna kalla nya Bangkok på den östra sidan från gamla Bangkok på den västra, medan kanalbåtarna kör längs med den största kanalen genom själva stadskärnan i östra Bangkok.

Resan tar plats på kanalen Khlong Saen Saep och båten stannar vid många av de mest trafikerade platserna i centrala Bangkok. Kanalbåtarna är kanske inte det effektivaste, eller ens säkraste, sättet att ta sig runt i stan, men tveklöst ett av de intressantaste och mest spännande. Det är som att korsa Bangkok via dess bakgator och gränder och därmed får man se genuina kvarter som annars är skylda av trafiken och skyskraporna. Faktum är att resan i sig kan bli själva utflykten.

Man löser biljett på båten och de kostar 3–5 kr. I och med att man inte alltid har ett definitivt slutmål med färden är det lika bra att lösa den dyrare biljetten, och sedan stiga av där man känner för det. Båten stannar dock vid ett par knutpunkter som funkar väl för fortsatt färd med andra fordon. Dessa är Thong Lo, Chit Lom och Pratunam. Den sistnämnda stationen ligger i närheten av Bangkoks downtown Siam. Att stiga av på slutstationen västerut rekommenderas också eftersom den ligger i Rattanakosin, the Old City, där man hittar många sevärdheter, till exempel det kungliga palatset, Wat Pra Kaew, Wat Pho och inte minst backpackergatan Khaosan Road (dessa resmål kommer att behandlas i de följande kapitlen).

Det kan däremot vara lite knepigt att leta sig fram till kanalbåtarna eftersom pirerna ligger bakom eller vid sidan av de mesta trafikerade gatorna. Lättast är att fråga på hotellet var närmaste pir ligger, och då påpeka att man menar just kanalbåtarna på Khlong Saen Saep och inte de större expressbåtarna på floden Chao Phraya.

Färja

Vid flera av pirerna som expressbåtarna lägger till vid finns det även färjor som korsar Chao Phraya från den ena sidan till den andra. Resan tar bara några få minuter, och kostar inte mer än ett par baht. Tidsvinsten kan dock, vid flera ställen, vara enorm. Dessutom finns det vissa utflyktsmål som ligger precis intill färjorna och som är kneppiga att nå på andra sätt. Det så kallade Gryningstemplet Wat Arun, på Thonburi-sidan av Bangkok, är ett av dem. Dit kommer man lättast genom att ta en färja från den östra sidan. I annat fall måste man korsa Chao Phraya via någon av broarna, och åker man vid fel tidpunkt kan detta resultera i långa bilköer. Dessutom är många av färjorna placerade under eller i närheten av just broarna mellan gamla och nya Bangkok.

Buss

Ett mycket billigt men något svettigt och inte särskilt snabbt alternativ är lokalbussarna, som kommer i flera uppsättningar. Bussarna sköts av BMTA, som dessutom ger ut en busskarta med samtliga busslinjer markerade. Denna karta kan plockas upp på de större bussterminalerna i Bangkok, eller företrädesvis laddas ned på surfplattan eller mobilen.

Bussarna kommer i olika färger och med olika nummer och man behöver kolla att färgen och numren matchar varandra för att hamna på rätt buss. Det vill säga att en röd icke-luftkonditionerad buss med nummer 7 inte nödvändigtvis stannar på samma ställen som en blå luftkonditionerad buss med nummer 7. Det är själva mängden busslinjer som gör det förvirrande till en början, samt att många av dem enbart listar hållplatserna på thailändska. Men faktum är att de går enligt lika fasta rutter som i vilken annan storstad som helst.

När man väl hoppat på bussen så betalar man efter att ha slagit sig ned till en biljettförsäljare och inte till chauffören. På de billigaste bussarna kostar en biljett 3–4 kr, och på de dyraste 6–10 kr, vilket gör det till ett exceptionellt billigt färdsätt. Betala alltid med tjugolappar eller mynt eftersom konduktören varken har tid eller växel nog att ta emot större valörer. Behåll även kvittot/biljetten eftersom det finns kontrollanter som ibland stiger på för att se färdbevisen.

Vett och etikett på bussarna i Bangkok innebär att man inte blockerar utgångarna, att man går bakåt i bussen och att man erbjuder sätet till äldre, gravida och barn eftersom det är en ganska ryckig körning. Att åka buss i Bangkok är – liksom kanalbåtarna – ett litet äventyr i sig.

Asia Revealed Publishing Company

TAXIS, TUK-TUKS & MOTORCYKLAR

Eftersom Bangkok är så pass stort finns det flera områden i staden som man inte kan ta sig till med hjälp av lokaltrafiken. Vid sidan av lokaltrafiken erbjuds det därför tre alternativ som, beroende på vart man ska, har sina respektive för- och nackdelar.

Taxi

Att använda taxi i Bangkok är mycket lätt och det räcker nästan alltid med att ställa sig på gatan och vinka in första bästa som kommer, och som oftast behöver man inte vänta särskilt länge. Bilarna är väl uppmärkta, dock inte enhetliga i färg eller modell. Man kan emellertid omedelbart se skillnaden mellan en svarttaxi och en licenserad taxi.

De få problem som kan uppstå vid resor med taxi är att chauffören inte förstår vart man vill åka på grund av språkbarriären. Det rekommenderas därför att ha med sig en karta eller adresslapp. Ett annat relativt vanligt problem är att taxichauffören erbjuder fast pris istället för att sätta på taxametern. Om detta är fallet så vinka omedelbart in en annan taxi eftersom det fasta priset alltid är högre än priset på taxametern. Detta problem uppstår som oftast vid större utflyktsmål samt på vissa gator som befolkas av i huvudsak turister, och då vanligtvis i direkt anslutning till stora hotell.

En taxiresa inom Bangkok kostar aldrig mer än ett par hundra baht, det vill säga 40–60 kr. Dock måste man betala vägtullarna om man väljer att korsa Bangkok via the Expressway, vilket å andra sidan kortar ner restiden avsevärt.

Tuk-tuk

Tuk-tuk är ett ikoniskt fordon från Thailand i form av en robust trehjuling med plats för max tre passagerare, även om man ofta ser långt många fler som klämt in sig på det begränsade utrymmet. Tuk-tuks har inga taxameters och man betalar alltid fast pris. För att undvika problem ska man komma överens om priset innan resan påbörjas. Tuk-tuk är generellt dyrare än taxi i Bangkok, å andra sidan är de vanligtvis något snabbare, då de är mindre och kan ta sig förbi långa köer genom att använda sig av bakgatorna. Tuk-tuk är ett utmärkt färdmedel för korta och mellanlånga körsträckor i Bangkok, men bör undvikas vid längre resor. Säkerheten är lägre i jämförelse med en taxibil. Dessutom sitter man i en öppen kupé och att fastna i bilköer och bli tvungen att inandas avgaser är något man helst vill undvika.

Tuk-tuks hittar man som oftast parkerade i anslutning till shoppingcentrum och allmänna utflyktsmål, men de kan även vinkas in från gatan.

Motorcykeltaxi

Motorcykeltaxis finns i vart och vartannat gathörn i Bangkok och chaufförerna bär alltid färggranna västar på vilka platsen eller gatan de arbetar från är tryckt. Man betalar fast pris och bör, liksom fallet med tuk-tuks, alltid komma överens om priset innan avfärd. Vid vissa motorcykeltaxistånd finns det emellertid rutter med fasta priser, till exempel till den närmaste tunnelbane- eller skytrainstationen. Motorcykeltaxi är dock ett ganska farligt alternativ eftersom chaufförerna kör mellan vägfilerna för att vinna tid. Motorcykeltaxi bör man endast ta på mindre trafikerade vägar. Inne på smågatorna är de inte desto mindre det mest passande alternativet.

Asia Revealed Publishing Company

OCH NU DÅ?

Man har slutligen kommit fram till sitt hotell – i många fall efter en ganska lång resa – och det är dags att utforska Bangkok. Har man en redan fullbokad kalender, som kanske arrangerats via resebyrån i Sverige eller vänner på plats, så finns det inget att bekymra sig över. Men för alla andra, vilka reser utan några fler fasta planer än hotellet man precis checkat in på, kommer de följande kapitlen att handla om Bangkoks både kända och okända guldkorn.

Det har sållats friskt bland alla utflyktsmål, aktiviteter och destinationer eftersom utbudet, och inte minst längden på denna bok, annars skulle bli oöverskådligt. Alla så kallade rekommenderade restauranger, som man kan hitta i turistmaterial på nätet, uteblir. För restauranger finns det ett överflöd av i Bangkok och ingen restaurang kan sägas servera så pass fantastisk mat att restaurangen i sig blir utflyktsmålet; om den nu inte är en del av ett annat intressant utflyktsmål, till exempel Baiyoke Tower II.

Rekommenderade hotell har också skalats bort, tillsammans med övrigt sponsrat material. Vad de följande kapitlen kommer att presentera är ett urval av det bästa Bangkok har att erbjuda gällande kulturella upplevelser, nöjesplatser, shopping, marknader och parker. Därtill följer ett par sektioner om några riktigt udda utflyktsmål för de lite mer äventyrliga samt allmän viktig information.

Bangkok

Bangkok är en massiv stad – å andra sidan är allt relativt. Sett till yta och befolkningsmängd finns det många städer i Asien som är mycket större än Bangkok. Exempelvis kan man nämna att Tokyos storstadsområde, det vill säga Tokyo stad samt satellitstäderna som Tokyo vuxit samman med, har en befolkning på över 35 miljoner. Bangkoks befolkning är blygsamma 9–10 miljoner. Med de angränsande kommunerna, som successivt glidit in i Bangkok stad, är befolkningen dock uppe i cirka 13,5 miljoner.

Detta är emellertid inte hela sanningen. I Thailand, i motsats till i Sverige, ändrar man inte särskilt ofta på sin folkbokföring, vilket innebär att man står kvar i den gamla provinsens/kommunens register trots att man måhända har flyttat till annan ort för att jobba. Med andra ord finns det många fler i Bangkok än vad som syns på pappret, vilket medfört att infrastrukturen inte alltid hunnit med. Det är helt enkelt svårt att planera gator, skolor och sjukhus för en totalbefolkning som ständigt fluktuerar. Till detta måste man även addera den illegala arbetskraften från de fattigare delarna i främst Laos, Burma och Kambodja.

Det är således inte särskilt konstigt att Bangkok ibland känns som en högst kaotisk och planlös plats, vilket däremot inte bör avskräcka en eftersom Bangkok dessutom är en av de absolut säkraste storstäderna att semestra i.

***

Namnet Bangkok är till mångas överraskning inte det thailändska namnet på Thailands huvudstad utan vad de första besökande västerlänningarna tidigare kallade den för, som då var Thonburi i dagens västra Bangkok. Själva ordet Bangkok är en sammandragning av Bang Makok, vilket på ett ungefär betyder "by av oliver".

Det thailändska namnet för Bangkok kommer däremot i tre olika uppsättningar. Det mest vardagliga, men vilket ändå används i både officiella och inofficiella sammanhang, är Krung Thep. Det något längre namnet, som mest används i officiella sammanhang samt i viktiga dokument, är Krung Thep Mahanakhon. Detta är å andra sidan en förkortning av det mycket omständligare originalnamnet, som i skrift och uttal är nära inpå omöjligt att få till rätt, och vilket enligt Guinness rekordbok tillhör världens absolut längsta ortsnamn. Betydelsen av Krung Thep Mahanakhon är dock en sammanfattning av denna till vardags omöjliga benämning, det vill säga *Änglarnas stad*.

Innan slutet av 1700-talet var det just den västra sidan Thonburi som var huvudstaden, men i och med den riskfyllda politiska situationen med närmaste grannen Burma omlokaliserades huvudstaden till den östra sidan av floden Chao Phraya, nämligen Rattanakosin, och utifrån denna nya enklav växte storstaden Bangkok fram. Rattanakosin benämns fortfarande som "the Old City", men trots dess historiska signifikans har denna del av Bangkok i många avseenden glömts bort. Detta blir mycket tydligt när man ser var någonstans den moderna tunnelbanan och Bangkoks skytrain har dragit fram.

Bangkok är uppdelat i 50 så kallade distrikt (Keet). Utvecklingen i dessa distrikt har först i modern tid blivit inkorporerad i en mer rigid form av stadsplanering. Fram till slutet av 1900-talet var det istället tal om en flödande tillväxt där man inte hade någon direkt kontroll över hur områdena utvecklades, byggdes upp eller expanderade. Detta har i mångt och mycket bidragit till det invecklade nätet av trånga gator, gränder och så kallade *sois* som knyter an till samtliga större huvudleder som korsar staden.

Det Bangkok som de flesta turister känner till är ytan som sträcker sig från gamla Rattanakosin ned mot de sydöstra gränserna av staden. Faktum är att stora delar av Bangkok aldrig någonsin besöks av turister, utan det mesta händer omkring distrikten som på något sätt knyter an till de tre stora gatorna Silom, Sathorn och Sukhumvit – självklart en sanning med modifikation eftersom det finns utflyktsmål lite överallt som lockar till sig besökare. Dock kvarstår faktum att utrymmena mellan dessa utflyktsmål är som stora svarta hål i den generelle turistens syn på Bangkok, i synnerhet när det kommer till den västra sidan Thonburi.

I motsats till många andra huvudstäder är det i Bangkoks fall inte heller så lätt att peka ut en enskild stadsdel och rekommendera den för ett besök, som man till exempel skulle kunna göra i Stockholm genom att föreslå en shoppingrunda mellan Kungsgatan och Drottninggatan i city eller en tur med cafébesök i Gamla stan. Bangkok är helt enkelt för stort, utspritt, krångligt och inte minst varmt för att man ska kunna utforska och se en hel stadsdel genom en spontanpromenad. Här behöver man istället ett specifikt mål för att kunna hitta rätt.

För alla förstagångsbesökare till Bangkok rekommenderas det att plocka upp en detaljerad karta på hotellet man checkat in på – samtliga hotell har gratiskartor vid sina receptioner. Att använda sig av en liten karta i fickformat funkar inte riktigt eftersom man behöver ha en någorlunda god överblick över myllret av smågator för att kunna ta sig runt effektivt. I Bangkok är det emellertid inte förenat med någon som helst fara att promenera omkring med en stor karta i handen och se bortkommen ut. I många andra huvudstäder runtom i världen skulle detta vara en inbjudan till brott, i synnerhet stöld, men i Bangkok är det istället en inbjudan till samtal.

Det finns emellertid ett par områden i vissa stadsdelar som faktiskt lämpar sig för ett något mer lättsamt vardagsflanerande, nämligen China Town och Siam. De båda kommer att diskuteras i de följande kapitlen.

Asia Revealed Publishing Company

CHINA TOWN

Ett av världens äldsta och största China Towns ligger i Bangkok. Området grundades under sena 1700-talet och har alltsedan dess vuxit och transformerats till en intressant och tankeväckande blandning av uråldrig kinesisk kultur och den thailändska formen av buddhism.

Distriktet är relativt stort men knyts ihop av gatan Yaowarat Road, vilken man kan ha som utgångspunkt när man utforskar stadsdelen till fots. Och till fots är det enda sättet att utforska China Towns alla små bakgator, gränder, marknader och restauranger. Det finns ingen skytrain- eller tunnelbanestation i China Town, vilket gör att man behöver ta sig dit med taxi eller tuk-tuk. Det är emellertid ofta påfrestande och långdragna trafikstockningar i området och om man åker på eftermiddagen så rekommenderas istället en annan rutt. Den bekvämaste går via floden. Ta någon av expressbåtarna och stig av på Ratchawong Pier. Härifrån kan man promenera uppför Ratchawong Road till Sampeng Lane och Yaowarat Road. Alternativt kan man ta tunnelbanan till Hua Lamphong Station, vilket även är knutpunkten för den nationella tågtrafiken, och där vinka in en taxi eller tuk-tuk för att tillryggalägga den sista lilla sträckan in i området.

Efter skymningen förändras China Town och detta är som mest märkbart på huvudleden Yaowarat Road. Från att ha varit en hårt trafikerad gata förvandlas denna mittpunkt i China Town till ett matparadis med båda thailändska och kinesiska rätter. Att bara flanera runt i kvarteret för att plocka upp några dimsums här och en kokosnötsglass där är ett äventyr i sig. Det finns likväl ett par utflyktsmål som man inte bör missa om man nu har tagit sig hit.

Utflyktsmål i China Town

China Town är igång tjugofyra timmar om dygnet, så beroende på när man dyker upp finns det olika saker att göra. Besöker man China Town under dagtid så bör man ta sig till Wat Traimit, Wat Mangkol Kamalawat, the Thieves Market och Sampeng Lane.

Tempel i China Town

Wat Traimit, som är ett traditionellt thaibuddhistiskt tempel, innehar den största Buddhastatyn av guld i världen. Och liksom vid besök till andra tempel i Thailand så bör man inte vara alltför vågat klädd. Detta tempel ligger precis i början av China Town och är en bra start på utforskandet av stadsdelen. Dessutom är det inom synhåll från den enorma kinesiska porten som markerar China Towns yttre gräns – snarlika portar står vid ingångarna till mer eller mindre samtliga China Towns runtom i världen, men den i Bangkok är en av de absolut största.

Ett annat intressant tempel, som ligger i mitten av China Town, är Wat Mangkol Kamalawat. Detta är, till skillnad från Wat Traimit, ett tempel med kinesiska förtecken. Det vill säga att det inte bara är buddhistiska utsmyckningar som pryder byggnaderna utan där finns även inslag från taoismen och konfucianismen. Från denna punkt kan man sedermera ta sig in i hjärtat av China Town via huvudleden Yaowarat Road.

Marknader i China Town

I anknytning till Yaowarat Road hittar man the Thieves Market, vars officiella namn är Nakon Kasem. Här säljer man nästan uteslutande second hand-varor. I och med att det är en salig blandning av föremål och varor från både västerländska och asiatiska länder så är chansen stor att man hittar riktigt udda kuriositeter som vore omöjliga att köpa på mer kommersiella marknader.

Inte långt ifrån the Thieves Market ligger Sampeng Lane. Detta är en lång och smal gågata som snirklar sig fram genom området och vars båda sidor är fullkomligt belamrade med små gatustånd som säljer allt mellan himmel och jord.

Om man besöker China Town på kvällen så bör man ta sig till Pak Klong Talad, det vill säga Bangkok Flower Market. Denna marknad är i och för sig öppen dygnet runt, men av någon anledning är det som allra livligast mitt i natten. I och med att marknaden ligger i närheten av floden och piren vid Memorial Bridge, samt templet Wat Pho, så kan man under dagtid kombinera ett besök till Bangkok Flower Market med just Wat Pho.

Asia Revealed Publishing Company

FLODEN CHAO PHRAYA

Något som skulle kunna kallas Bangkoks pulsåder är floden Chao Phraya, som har sitt ursprung åtskilliga hundra kilometer norr om Bangkok och som där knutits samman med floderna som strömmar ned från de nordligaste provinserna. Chao Phraya har i många avseenden varit själva grunden till Bangkok eftersom den används både för risodling och transport mot havet.

På den västra sidan ligger Thonburi och på den östra sidan platsen man som oftast refererar till när man pratar om Bangkok. Längs med denna vitala pulsåder finns det mycket att se och utforska. Några av de mest berömda och sevärda templen har uppförts utmed strandkanten, exempelvis gryningstemplet Wat Arun. Andra intressanta ställen, så som backpackergatan Khaosan Road, ligger på gångavstånd ifrån piren Phra Arthit. Därtill finns det många fler sevärdheter som man inte bör missa under ett besök till Bangkok.

Koh Kret

Floden Chao Phraya har breddats, letts om och förgrenats i omgångar under de senaste århundradena och detta resulterade i att en del av fastlandet i norra Bangkok kapades av under 1700-talet av de nya kanalerna och blev en egen ö vid namn Koh Kret. Och på Koh Kret, trots den omedelbara närheten till Bangkok, är det lite som om tiden har stått still, vilket inte minst reflekteras genom kulturen, religionen och ursprungsbefolkningen.

Många av de boende på Koh Kret tillhör folkgruppen Mon, som härstammar från Burma men vilka utgjorde en ansenlig minoritet i Thailand för över tusen år sedan. De är, liksom de flesta övriga folkgrupper i Thailand, buddhister, men deras version av buddhismen skiljer sig något från den man finner överlag i Thailand. Detta visar sig inte minst i tempelarkitekturen på Koh Kret. Monfolket har även traditionellt sett varit skickliga krukmakare, vilket fortfarande är aktuellt i dagens Koh Kret. På ön kan man hitta flera keramikverkstäder som bevarat den urgamla konstarten.

I övrigt är ett besök till Koh Kret en relativt stillsam och rofylld affär. Hit åker man inte för att roa sig eller shoppa utan för att ta det lugnt och kliva ned i historien. Ön är inte mer än drygt två kilometer bred och det bästa sättet att ta sig runt är till fots eller på cykel, som finns till uthyrning. Ett annat trevligt alternativ är att hyra en lokal båt och tuffa runt mellan de små kanalerna som korsar ön och lägga till vid de många pirerna som ligger utspridda längs med strandbrynet.

Att ta sig till själva ön kan däremot vara lite knepigt. De lättaste sätten är att vinka in en taxi och åka till Wat Sanam Neua, som ligger i grannkommunen, och därifrån korsa över till Koh Kret med färja, eller att hyra en så kallad longtail-båt från någon av de större pirerna längs med Chao Phraya och besöka ön med egen kapten. En longtail-båt kan ta upp till 12 passagerare, så trots att priset är betydligt högre än för en taxiresa så blir det inte mer än dryga hundralappen per person om man är ett sällskap på fyra eller fem stycken. Dessutom är själva trippen med longtail-båt uppför Chao Phraya värt de extra hundra bahten eftersom man kommer befolkningen och husen synnerligen nära och får se hur man levde på floden förr i tiden.

Flodkryssning

Att ta sig upp- och nedför Chao Phraya under dagtid med expressbåtarna är både kul och spännande, men det är på kvällen som floden verkligen kommer till liv. Tråkigt nog slutar de flesta expressbåtar att gå redan runt klockan 18:00. Det finns dock ett lite mer extravagant alternativ i form av en drygt två timmar lång flodkryssning med middag och show. Företag som Chao Phraya Princess Cruise ordnar med kvällsturer där man till god musik och mat kan njuta av den faktiskt mycket vackra, och inte minst extremt dekorerade, staden Bangkok. Hotellen, skyskraporna, templen och broarna som byter av varandra längs med flodkanten är illuminerade i växlande färger och att stå på däck och ta in synen är ett minne man bär med sig länge.

Ayutthaya

Innan dagens Thailand formades bestod landet av ett antal mindre kungadömen. Ett av dem, strax norr om Bangkok, hette Ayutthaya, vilket fortfarande är namnet på staden, och denna historiska klenod ligger i direkt anslutning till Chao Phraya-flodens norra flöde. Att åka båt till Ayutthaya är en heldagsutflykt, som gärna kombineras med övernattning så att man hinner se alla de historiska templen och byggnaderna, vilka i många fall har listats på UNESCO:s världsarvslista. I Ayutthaya skiljer sig arkitekturen mycket från den man kan finna i övriga Thailand. I och med att Ayutthaya, under tideräkningen vi i väst refererar till som renässansen, var en knutpunkt för handeln mellan öst och väst, hittar man tydliga spår från de konkurrerande kungarikena i främst Burma och Kambodja.

Har man väl tagit sig upp till Ayutthaya med båt, och då även fått tillfälle att insupa den säregna stilen som följer flodens mer lantliga karaktär mellan Bangkok och de norra distrikten, kan man återvända till Bangkok i taxi, vilket inte behöver ta mer än max två timmar. Detta innebär att om man skippar båtturen helt och hållet så är det fullt möjligt att göra Ayutthaya på en och samma dag och strunta i övernattningen.

Asia Revealed Publishing Company

PARKER

Bangkok är till mångas förvåning en tämligen grön och ren stad. Städpatruller är ute varenda natt och sopar och spolar gatorna rena, det finns böter för nedskräpning, att slå upp ett gatustånd eller bedriva handel på någon av de många lokala marknaderna kräver tillstånd och sopbilar tömmer stadens alla soptunnor regelbundet och noggrant.

Vad som däremot kan orsaka en lätt stank på vissa platser är dräneringssystemet och från de många brunnarna stiger det med jämna mellanrum upp en något sur odör. Därtill, trots sopbilarnas regelbundenhet, hinner det ibland börja lukta från soppåsarna som samlas i gathörnen i väntan på att forslas undan. Men faktum kvarstår att i centrala Bangkok, och i synnerhet på allmänna platser, hinner det aldrig samlas skräp under särskild lång tid innan det körs bort och spolas rent av de nattliga städpatrullerna. Till på köpet tar de flesta Bangkokbor hand om sin egen lilla bit av gatan, vilket gör att man sällan stöter på nedtrampade cigarettfimpar, kladdiga glasspaket eller skräpande burkar och förpackningar – längs med vägarna ut från Bangkok, och inte minst bland bilvägar överlag i Thailand, är det å andra sidan desto smutsigare eftersom många har den dåliga vanan att slänga sitt skräp från bil- eller bussfönstret.

Utmed de större gatorna i Bangkok har man anlagt buskar och träd och bland de många stadsdelarna kan man hitta flera stora parker. Att besöka dem alla är inte nödvändigt, men fyra av dem sticker ut som extra trevliga, roliga och lätta att ta sig till. Den första, som ligger i centrala Bangkok, hittar man enbart ett hundratal meter ifrån skytrainstationen Phrom Phong på Sukhumvitlinjen.

Benjasiri Park

Denna park, som av många anses vara den trevligaste i Bangkok, är mycket mindre än den berömda Lumpiniparken, och därför lättare att ta sig runt i. Här händer det alltid något roligt och intressant, i synnerhet efter klockan 17.00. Benjasiri Park har blivit något av en mötesplats för kultur och friskvård och i många fall kan man i den ena änden av parken avnjuta en konsert, medan man i den andra änden spelar basket eller åker skateboard. Därtill finns det åtskilliga lekparker och en så kallad Musical Fountain Show, som uppförs tre gånger dagligen. Man kan även hitta en 25-meter lång swimmingpool här, som dock kräver medlemskap. Detta medlemskap är emellertid lätt att ordna på plats. Allt man behöver ta med sig är två foton, en kopia av passet och ett läkarintyg på att man är frisk. Detta läkarintyg kan erhållas från någon av de tusentals kliniker som ligger utspridda över precis hela

Bangkok. Kostnaden för att träffa en doktor är låg, och besöket varar i bara ett par minuter.

Som en bonus ligger Benjasiri Park bredvid ett av Bangkoks absolut fräschaste shoppingcentrum, the Emporium, där man både efter och före trippen till Benjasiri Park kan tillbringa många timmar. I synnerhet om man besöker the Emporium med barn eftersom det finns en uppsjö av häftiga aktiviteter i och runt omkring shoppingcentrumet. Inte minst den nybyggda dinosaurieparken Dinosaur Planet.

Lumpiniparken

I en annan del av centrala Bangkok hittar man vad som i folkmun kallas för "Bangkoks gröna lunga", nämligen Lumpiniparken. Sett till ytan är det en ansenlig plats. Parken är, liksom Benjasiri Park, vanligtvis tom mitt på dagen på grund av värmen, men på morgonen, eftermiddagen och kvällen ökar aktiviteten rejält.

Lumpiniparken har bland Bangkoks lokalbefolkning blivit synonymt med hälsa och motion. I den mycket stora parken finns det en joggingslinga på nästan tre kilometer, där det dessutom skapats utrymme för cyklister. I parken har man även anlagt ett rejält utomhusgym, som kostar bara några få baht att använda, samt ett stort antal träningsmaskiner som är gratis och vilka snirklar sig fram bland gräsmattorna i form av en bana. Vill man simma så finns det en större pool, som dock kräver medlemskap, men vilket man kan ansöka om på plats. Det roligaste träningsalternativet är emellertid de stora och gemensamma aerobicspassen som tar vid när solen börjar gå ner. Mobila scener och ljudsystem monteras upp och professionella tränare håller öppna pass för alla som vill delta.

För barnen finns det flera stora lekparker med allt vad man kan tänkas vilja ha i form av gungor, gungbrädor och klätterställningar. Mitt i parken har man dessutom anlagt en liten sjö fylld med gigantiska karpar, varaner och sköldpaddor. Det finns trampbåtar till uthyrning och fiskmat att köpa. Utanför de tre huvudingångarna kan man köpa mat från smårestauranger. På andra sidan vägen, mot Silom Road, ligger dessutom Patpong, vilket är ett av Bangkoks största Red Light Districts.

Det är mycket lätt att ta sig till Lumpiniparken: med skytrain stiger man av på Sala Daeng på Silomlinjen, och med tunnelbana stiger man av på antingen Silom eller Lumpini.

Rot Fai Park

Den tredje stora parken är Rot Fai Park, vars officiella namn är Suan Wachira Benjathat. Bland Bangkokborna kallas den för Rot Fai Park eftersom det står ett par mycket gamla tåg i parken, och *rot fai* är de thailändska orden för just tåg. Denna park är stor och lummig och perfekt för picknicks och cykelturer. Cyklarna kan man hyra på plats och lederna som anlagts är platta och trevliga att ta sig fram på. Därtill finns det en swimmingpool, en mindre sjö med trampbåtar och tennis- och basketplaner.

Vad som gör Rot Fai Park till den kanske intressantaste parken är dock bonusen man får av dess läge samt kombinationen av aktiviteter som pågår i närheten. I parken ligger Bangkok Butterfly Garden and Insectarium, vilket är en underbart grönskande plats med exotiska blommor, otaliga fjärilar i stora växthus och frodiga små labyrinter av buskar. Ett stenkast ifrån Bangkok Butterfly Garden and Insectarium, som är gratis att besöka, hittar man Children's Discovery Museum, vilket är barnens eget upptäckarmuseum. Museet har funnits en längre tid i Bangkok. Men under 2014 investerades det en rejäl summa pengar i utställningarna och nu är det en innovativ plats som låter barnen nudda och upptäcka istället för att enbart passivt beskåda. Till på köpet har de en modern lekpark, sprutande fontäner och grunda pooler att plaska runt i.

Besöker man Rot Fai Park på helgen så måste man passa på att gå till marknaden som knyter an till parkens södra ände, Chatuchak Weekend Market, som inte bara är världsberömd utan även en av de absolut största i hela Sydostasien. Till Rot Fai Park, vilket inkluderar Bangkok Butterfly Garden and Insectarium, Children's Discovery Museum och Chatuchak Weekend Market, tar man sig lättast med skytrain eller tunnelbana. Med skytrain stiger man av på slutstationen Mor Chit på Sukhumvitlinjen och går hundratalet meter in på Chatuchakparkens södra ände. Med tunnelbana stiger man av på stationen Chatuchak, som ligger i direkt anslutning till parken.

Suan Luang Rama 9 Park

Om man har tröttnat på storstadspulsen så kan ett besök till Suan Luang Rama 9 Park, som är en enormt stor park i de östra delarna av Bangkok, vara något. I motsats till övriga parker i Bangkok så stänger Suan Luang Rama 9 Park varje dag klockan 18.00. Och dessutom finns det en entréavgift på blygsamma 10 baht. Avgiften beror på att Suan Luang Rama 9 Park dessutom fungerar som ett slags konservatorium för internationella trädgårdar. Där finns trädgårdar från bland annat Kina, Marocko, England och Italien vars alla växter och utsmyckningar representerar respektive land och ekosystem. Den årliga höjdpunkten i Suan Luang Rama 9 Park är The Flowers Festival, som går av stapeln den 1 till 10 december.

Parken är så pass stor att det tar ett par timmar att promenera hela vägen runt. Det finns emellertid ett litet miniatyrtåg som man kan hoppa på och av för att besöka de olika sevärdheterna och trädgårdarna. Det mest fascinerande är å andra sidan inte nödvändigtvis de internationella trädgårdarna, utan att man i mitten av Bangkok så fullständigt kan lyftas ut ur storstaden och glömma bort var man är. Till Suan Luang Rama 9 Park tar man sig lättast med taxi. Man kan även åka skytrain till stationen Udom Suk på Sukhumvitlinjen och där ropa in en taxi eller tuktuk för att tillryggalägga den sista lilla biten till parken.

SHOPPINGCENTRUM

Bangkok är ett gytter av smågator, som korsas av diverse huvudleder från söder till norr och från väst till öst. Stadsplaneringen man kan hitta i många västerländska storstäder är mer eller mindre obefintlig i Bangkok och man löser problemen allteftersom de dyker upp. Detta har bland annat lett till att det inte finns *ett* centrum i Bangkok utan flera. Det närmaste ett "downtown" man kommer i Bangkok är skytrainstationen Siam, där några av de största shoppingcentrumen ligger. Och det är just shoppingcentrumen som i mångt och mycket blivit de enskilda stadsdelarnas egna centrum. För faktum är att varje stadsdel, kallad *keet* i Bangkok, har ett par stora gator som någonstans strålar samman i ett ofta gigantiskt shoppingkomplex. Många tillhör en och samma koncern, till exempel Central Plaza eller The Mall, vilket gör att utbudet av affärer, restauranger, biografer och nöjen är tämligen snarlika. Det finns emellertid ett par shoppingcentrum som har blivit så mycket mer än bara en samling butiker och restauranger. Några av dem är så pass intressanta och ovanliga att ett besök med lätthet kan utvecklas till att bli en fullpackad heldagsutflykt.

MBK

Shoppingcentrumet MBK är det kanske mest välkända i hela Thailand och har närmast ikonisk status bland både lokalbefolkningen och turisterna.

MBK liknar en gigantisk marknad, fast placerat i en luftkonditionerad miljö och utspritt över åtta våningsplan. Det är även det enda shoppingcentrumet där man kan, precis som på en lokal marknad, pruta på priset. Det finns i och för sig flera stora kedjor på MBK som säljer välkända märken, men mycket av MBK:s utrymme upptas av just mindre butiker, ofta inte större än en rymlig garderob, vilka ligger huller om buller om varandra i rad efter rad efter rad. Våningsplanen är någotsånär uppdelade enligt varorna som finns till försäljning. Till exempel har man försökt att samla all elektronik på ett våningsplan och alla kläder på ett annat, men det har inte stoppat de otaliga småbutikerna från att flöda samman i ett närmast labyrintiskt myller av marknadsstånd. Bara det att strosa runt i MBK är värt besöket, och priserna skiljer sig markant ifrån de man hittar på de lyxigare varuhusen omkring exempelvis Siam, vilket medfört att MBK blivit synnerligen populärt bland Bangkokborna själva.

Det finns även flera "food courts", restauranger och kaféer utslängda över främst de nedersta och översta våningsplanen. På våning åtta ligger dessutom ett stort underhållningskomplex med moderna biografer och stora bowlinghallar samt Escape Room Bangkok – ett så kallat "Escape the Room"-äventyr går ut på att man stängs in i ett rum med en massa ledtrådar som man måste lösa för att kunna ta sig ut. Det finns två till "Escape the Room"-äventyr i Bangkok, placerade i shoppingcentrumen Terminal 21/Interchange Building och Gateway Ekkamai. De båda är franchiseföretag av internationella bolag med en hög standard.

En tripp till MBK gör man å andra sidan främst för att shoppa billigt och insupa den mycket speciella atmosfären som denna rent enorma inomhusmarknad alstrar. Det är dessutom mycket lätt att ta sig till MBK: stig av på skytrainstationen National Stadium på Silomlinjen och korsa perrongen mot shoppingcentrumet. Alternativt kan man stiga av på Siam och via gångbroarna manövrera sig fram mot MBK.

Siam

Omkring skytrainstationen Siam, alldeles i närheten av MBK, ligger Siam Paragon, Siam Center, Siam World och Central World. Tillsammans utgör de ett av de största shoppingområdena i hela världen. Till på köpet ligger de på gångavstånd ifrån varandra och mellan de stora komplexen kan man hitta ett oräkneligt antal mindre affärer, barer, restauranger, biografer och kuriosabutiker. Dessa fyra shoppingcentrum skiljer sig ifrån MBK i det att de är mer luxuösa, i synnerhet Siam Paragon. Här kan man hitta de absolut finaste märkena inom de flesta områden, oavsett om man är ute efter kläder, smycken, väskor eller accessoarer. Att enbart promenera genom exempelvis Siam Paragon, som är det nyaste av de fyra shoppingcentrumen, är en upplevelse i sig eftersom målgruppen är de absolut rikaste och trendigaste i Thailand. Upplevelsen blir desto roligare under nattetid eftersom den stora mängden lampor, neonskyltar och ljus- och ljudshower skapar känslan av att befinna sig i en extremt modern metropol.

På samtliga shoppingcentrum runt Siam finns det utmärkta tillfällen till restaurangupplevelser utöver det vanliga. Förutom shoppingen, restaurang- och kafébesöken samt det allmänna flanerandet kan man även hitta mycket annat att göra här. På Siam Paragon ligger exempelvis Sea Life Bangkok Ocean World, som är ett av de största akvarierna i Sydostasien. I det angränsande shoppingcentrumet, Siam Discovery, har man öppnat en Madame Tussauds. Utöver enorma biografer och bowlinghallar så finns det även ett par riktigt stora skridskorinkar på shoppingcentrumen Central World och Siam Discovery.

Utrustningen hyr man på plats för drygt hundra baht, och om man vill så kan man även ta skridskolektioner, vilket känns lite udda med tanke på den tropiska hettan.

The Emporium

Shoppingcentrumet the Emporium fullkomligen andas lyx till både utseendet och innehållet. Här kan man hitta alla de mest fashionabla märkena. I direkt anknytning till shoppingcentrumet ligger dessutom det femstjärniga hotellet Emporium Suites by Chatrium, och shoppingcentrumet the Emporium är i mångt och mycket en förlängning av denna luxuösa miljö. Shoppingcentrumet har delvis stylats och inretts utifrån klientelet som bokar rum på lyxhotellet, vilket transformerat hela området till en skön oas i Bangkoks stundtals kaotiska flöde.

Detta innebär emellertid inte att våningsplanen endast är fyllda med dyra märkesbutiker. Dock finns det inga riktigt billiga affärer av typen man hittar på MBK. Restaurangutbudet är likaså en mix av det absolut bästa, med ett par mer vardagliga alternativ och snabbmatsrestauranger inslängda som en bonus. The Emporium är dessutom mycket populärt bland familjer, då man slagit upp ett gigantiskt lekland på ett av våningsplanen samt en liten bondgård med exotiska djur som man kan mata och klappa. På de övre våningsplanen hittar man toppmoderna biografer, och på det absolut översta finns en rullande modeutställning av ännu inte fullt ut erkända designers.

The Emporium ligger centralt i Bangkok och man kan komma till shoppingcentrumet direkt från skytrainstationen Phrom Phong på Sukhumvitlinjen. Precis i närheten, bara hundratalet meter ifrån the Emporium, hittar man den mycket trevliga parken Benjasiri Park. Här kan man på kvällstid bara ta det lugnt eller träna på någon av de många sportbanorna.

Terminal 21

Shoppingcentrumet Terminal 21, som ligger strax intill skytrainstationen Asok på Sukhumvitlinjen, sticker ut i Bangkok av flera anledningar. Först och främst för att informationsdiskarna, personalen och skyltningen till de olika sektionerna i det niovåningshöga tornet har designats med flygplatser som förebild. Detta är ett genomgående tema i shoppingcentrumet och på de skilda våningsplanen kan man besöka olika platser i världen. Man har till exempel skapat områden som ser ut som London, Paris, Istanbul, Tokyo och San Fransisco. Tanken är att man så att säga ska flyga mellan de olika städerna för att shoppa kulturspecifika varor och äta kulturspecifika rätter.

Även om resultatet av naturliga skäl har blivit en blandning av det thailändska och utländska är konceptet ändå så pass intressant att Terminal 21 blir en shoppingrunda utöver det vanliga. På Terminal 21/Interchange Building kan man även hitta ett av de bättre "Escape the Room"-äventyren i Bangkok. Inte långt ifrån Terminal 21 ligger dessutom det ökända Red Light District-området Soi Cowboy, vilket kan vara en alternativ upplevelse efter en alternativ shoppingtur.

Asiatique: The River Front

Inte långt ifrån centrala Bangkok ligger det nya shoppingområdet Asiatique: The River Front, som är en gigantisk marknadsplats uppförd i sann retroanda. Ambitionen har varit att återskapa arkitekturen som genomsyrade Bangkok under början av 1900-talet samt att bli en av de största temaparkerna för shopping i hela Asien. För tillfället finns det över 1500 affärer och 40 restauranger blandat om vartannat med trevliga barer och vinklubbar.

Shoppingen i denna moderna sekelskiftesby är varierad. Man kan hitta både exklusiva designermärken och billiga produkter av typen som är vanlig på Chatuchak och MBK. Man har även lagt mycket krut på nöjesutbudet, vilket inkluderar den nationellt välkända ladyboy-kabarén Calypso Bangkok Theatre samt den kulturella unikheten Joe Luis Traditional Thai Puppet Theatre, vilket är dockteater på en mycket hög nivå. Joe Luis har vunnit åtskilliga nationella och internationella priser för sitt arbete. En annan höjdpunkt vid ett besök till Asiatique är det gigantiska pariserhjulet, som ser ut som en något mindre upplaga av the London Eye. En tur gör sig som bäst vid solnedgången.

Asiatique öppnar klockan 17.00 och stänger runt midnatt. Lättaste sättet att ta sig till Asiatique är med områdets egna expressbåtar, som avgår från piren vid skytrainstationen Saphan Taksin på Silomlinjen.

Pantip Plaza

Pantip Plaza är inte som andra shoppingcentrum i Bangkok, för här har man fokuserat sig på endast en form av varor, nämligen elektroniska. Det är ett femvåningshögt Mecka för alla de som har något som helst intresse av mobiler, kameror, surfplattor, spel, datorer eller vilken annan produkt som helst som kan kopplas upp till internet. Pantip Plaza är mycket välkänt bland folk i Sydostasien, och många reser dit för att köpa hård- och mjukvara i bulk för vidareförsäljning i sina respektive hemländer och butiker. Något man bör ta i beaktande vid ett besök till Pantip Plaza är att det inte alltid är så lätt att skilja piratkopior från originalprodukter samt att man behöver vara redo på att pruta ordentligt. Om man vill försäkra sig om att man har köpt en originalprodukt så är det nog bäst att gå till någon av de större butikskedjorna, som det finns ett par av på varje våningsplan. Här kan man även reparera trasiga surfplattor, mobiler och datorer till ett billigt pris.

Att ta sig till Pantip Plaza är lite knepigt. Den närmaste skytrainstationen är Chit Lom på Sukhumvitlinjen, men promenaden därifrån är ganska lång. Bästa sättet är med taxi. Pantip Plaza är dessutom en adress alla chaufförer känner till. Och har man lite tid över efter besöket så kan man hoppa in i en ny taxi och åka vidare till Siam, som ligger relativt nära, för att utforska Bangkoks downtown.

Asia Revealed Publishing Company

MARKNADER

Sett till både yta och folkmängd är Bangkok en mycket stor stad, i synnerhet eftersom den aldrig riktigt tar slut, då gränserna glidit samman med de omkringliggande städerna, till exempel Chon Buri i söder och Rangsit i norr. Detta har medfört ett oräkneligt antal utomhusmarknader för den alltjämt växande befolkningen. Ett par av dessa utomhusmarknader har utvecklats under årens gång och blivit några av Bangkoks intressantaste turistattraktioner.

Marknaderna i Bangkok kan delas upp i tre kategorier: gatumarknader, så kallade vattenmarknader och utpräglade nattmarknader. Likt ovan nämnts finns det mer eller mindre hur många marknader som helst av samtliga sorter. Några sticker likväl ut och tillhör Bangkoks "måsten".

Chatuchak Weekend Market

Den tveklöst största marknaden i Bangkok är Chatuchak Weekend Market och som namnet antyder är Chatuchak Weekend Market endast öppen under helgen, med start klockan 18.00 på fredagen. Lättaste sättet att ta sig hit är med tunnelbana eller skytrain. Åker man skytrain så stiger man av på Mor Chit på Sukhumvitlinjen, och tar man tunnelbanan så stiger man av på Chatuchak Park Station.

Väl på plats gäller det att hålla huvudet kallt – bokstavligen. Närmare 15 000 marknadsstånd har slagits upp i vad som liknar en labyrint av gångar och här trängs under en vanlig helg närmare 200 000 besökare. Det finns emellertid en viss logik i vansinnet och området är uppdelat i sektioner som säljer specifika varor. Problemet är bara att efter en, två eller kanske tre höger- eller vänstersvängar så har man ingen aning om var man är någonstans, vilket å andra sidan är en del av Chatuchaks charm. Dessutom finns det små serveringar utkastade lite överallt och om man behöver vila fötterna så är det bara att slå sig ner och beställa in lite mat och en väl avkyld öl.

Som alltid i liknande miljöer bör man hålla koll på sina värdesaker och se till att man har tillräckligt med kontanter på sig eftersom många av handlarna inte tar kort. Under kvällstid förändras området markant. Marknadsstånden byts ut mot barer, restauranger och klubbar som håller öppet till långt in på natten.

Pratunam Market

Pratunam Market är öppen på både dagen och natten. Faktum är att denna marknad aldrig stänger, vilket resulterat i att så väl utbudet som kunderna skiljer sig åt mellan de olika klockslagen. Det är som mest liv och rörelse från lunch fram till tio på kvällen. Men om man vill uppleva ett nattliv som inte nödvändigtvis kretsar kring klubbar och barer så rekommenderas det att åka till Pratunam Market efter midnatt för att strosa runt bland köken, serveringarna och marknadsstånden.

På Pratunam Market säljs det i huvudsak kläder och modeaccessoarer. Området är gigantiskt och utbudet varierat. Här kan man hitta allt från billiga kopior till märkesvaror och rent ut sagt bisarra maskeraddräkter. Som alltid i Thailand finns det gott om serveringar i och runt omkring området. Stora delar av marknaden är under tak. Vissa sektioner spiller över på de angränsande gränderna och gatorna och det hela knyts samman i ett femvåningshögt shoppingcentrum. Området i sig ligger centralt i Bangkok, dock inte i närheten av någon tunnelbane- eller skytrainstation. Den närmaste skytrainstationen är Chit Lom på Sukhumvitlinjen. Därifrån kan man ta en taxi eller tuk-tuk för under 100 baht. Det går i och för sig alldeles utmärkt att vinka in en taxi från vilken annan plats som helst i Bangkok eftersom samtliga chaufförer känner till Pratunam Market. Strax intill marknaden ligger Bangkoks högsta byggnad, Baiyoke Tower.

Bo Bae Market

En något mer traditionell stadsmarknad, som upptar minst lika många gator och kvarter som de ovanstående, är Bo Bae Market. Bo Bae Market ligger ungefär mitte-mellan Bangkoks downtown, som är centrerat kring skytrainstationen Siam, och Khaosan Road. Lättaste sättet att ta sig hit är med taxi.

Själva marknaden är öppen från tidig morgon till cirka sex på kvällen och är utspridd mellan fyra broar som korsar kanalen Phadung Krung Kasem. Strax intill ligger Bo Bae Tower, som är de högsta byggnaderna i området, och marknaden glider samman med dessa torn och upptar ett par av de första våningsplanen i respektive skyskrapa. Bo Bae Market är en genuin och hektisk marknad där lokala och utländska grossister inom textilindustrin kommer för att lägga in beställningar till sina affärer i och utanför Thailand. Detta är en plats som fullkomligen kryllar av folk, marknadsstånd, gaturestauranger och allt annat som kan förknippas med en varm och svettig jättemarknad med sin beskärda del av lokala underligheter.

Asia Revealed Publishing Company

VATTENMARKNADER

Många som kommer tillbaka efter en tripp till Bangkok nämner att de har varit på någon form av Floating Market.

Runt omkring Bangkok finns det ett tiotal platser som marknadsförs av turistbyråer som just vattenmarknader, men det är enbart ett par av dem som är något mer än en dålig turistfälla.

Damnoen Saduak Floating Market

Den största av dem alla, Damnoen Saduak Floating Market, är en trivsam, bildskön och spännande plats med båtar överfulla med varor. Dock har marknaden genom åren blivit en avspegling av vad turister vill ha, vilket delvis skrämt bort lokalbefolkningen. Men enbart från de mest centrala delarna. Om man bara tar sig mot utkanten av denna gigantiska marknad så kommer man till området där thailändarna själva fortfarande handlar sina varor, och här får man en skymt av hur det såg ut i Thailand innan kommersialiseringen verkligen tog fart.

Nackdelen med Damnoen Saduak Floating Market är avståndet från Bangkok, närmare 100 kilometer, samt att utflykterna som kan bokas via resebyråer ofta är förlagda till tidigt på morgonen. Å andra sidan är det fullt möjligt att stoppa vilken taxibil som helst på gatan och fråga om han eller hon vill ta körningen, vilket borde kosta runt 1000–1500 baht.

Amphawa Floating Market

Den andra stora vattenmarknaden är Amphawa Floating Market, som är öppen endast på lördagar och söndagar. Den ligger något närmare Bangkok än Damnoen Saduak Floating Market, och det är i huvudsak till denna marknad som Bangkokborna åker på sina helgutflykter. Redan vid lunchtid är det tjockt med folk och det är knappt så att man kan ta sig runt i den gemytliga men svettiga trängseln.

I motsats till Damnoen Saduak Floating Market handlar Amphawa Floating Market inte bara om mat och shopping utan i närområdet, som ligger utspritt över och omkring en massa kanaler, finns det även flera mycket intressanta, spännande och inte minst tankeväckande utflyktsmål. Det rekommenderas att åka på en båttur utanför själva vattenmarknaden för att utforska de många små templen, varav ett är placerat inuti ett gigantiskt träd, samt promenera utmed strandkanterna och insupa den ålderdomliga arkitekturen. På Amphawa kan man tillbringa hela dagen, och på kvällen fullkomligen exploderar området i ljus från alla de lyktor som hängts upp.

Avståndet från Bangkok till Amphawa Floating Market är något kortare än det till Damnoen Saduak Floating

Market, vilket innebär att man inte måste boka en tripp tidigt på morgonen.

Taling Chan Floating Market

Vill man erfara en riktig vattenmarknad utan att slösa bort en massa tid finns det ett alternativ blott tio kilometer väster om centrala Bangkok, nämligen Taling Chan Floating Market. Den är inte i närheten av lika stor som Damnoen Saduak Floating Market eller Amphawa Floating Market, men däremot stor nog för att kunna kallas en Floating Market. Det är därtill en riktigt genuin marknad med få turister, vilket innebär att man slipper pruta så fasligt eller behöver oroa sig för ficktjuvar. Man kan även åka på kortare båtturer i närområdet och se klassiska flytande bostadskvarter – en form av boende som har existerat i Bangkok i hundratals år.

En tripp till Taling Chan Floating Market kan med lätthet kombineras med andra utflykter på en och samma dag. Taling Chan Floating Market är enbart öppet på helgerna, och då endast till middagstid.

Asia Revealed Publishing Company

NATTMARKNADER

Ett av Bangkoks många kännetecken är de lokala nattmarknaderna som poppar upp lite här och där bland stadens alla gränder, smågator och vägkorsningar. Stöter man på en under sina promenader är det bara att slänta in bland stånden och undersöka utbudet, vilket oftast kretsar kring mat och kläder. Det finns dock tre nattmarknader som verkligen sticker ut i mängden.

Khaosan Road

Den kanske kändaste nattmarknaden är ingen egentlig marknad utan helt enkelt gränderna omkring den mytomspunna backpackergatan Khaosan Road i gamla Bangkok. På själva Khaosan Road, och parallellgatorna till Khaosan Road, finns det butiker som är öppna från tidig morgon till sen kväll. Men efter skymningen täcks varenda kvadratmeter av kringdrivande försäljare och marknadsstånd. Det är ett rent nöje att strosa runt i kvarteren och in och ut ur alla smala prång och gränder på jakt efter något litet att äta eller för att köpslå på en tröja eller elektronikprodukt. Allt finns här, inklusive det man egentligen kanske skulle vilja undvika.

Khaosan Road ligger relativt nära floden Chao Phraya. Om man åker hit under dagtid, så kan man ta expressbåten till piren Phra Arthit, och därifrån promenera upp till den nästan lika galna gatan Soi Rambutrii. Väl på plats på Soi Rambutrii ligger själva Khaosan Road bara runt hörnet. Det finns inga skytrain- eller tunnelbanestationer i närheten, så det bästa sättet att ta sig till Khaosan Road på kvällen är med taxi. När man åker tillbaka till sitt hotell så rekommenderas det dock att först ta sig en bit utanför själva kvarteret, för i annat fall riskerar man att få en chaufför som kräver fast pris.

Patpong Night Market

I en annan del av stan ligger Bangkoks största Red Light District, nämligen Patpong, som man lättast kommer till genom att stiga av på skytrainstationen Sala Daeng på Silomlinjen. Entrén till marknadsområdet Patpong är belägen ett hundratal meter söder om stationen och marknaden är, liksom Khaosan Road, utspridd över ett antal gator och gränder i kvarteret. Här finns det mesta till försäljning, fast ofta till överpris.

De flesta som besöker nattmarknaden Patpong gör det emellertid inte för att shoppa, utan för att helt enkelt insupa den udda atmosfären som sveper in detta legendariska hörn av Bangkok. Det är ingen idé att besöka kvarteret före klockan sex på kvällen, då området är tämligen öde under dagtid. Och när man väl dyker upp, så bör man vara beredd på att vägarna och marknaden kantas av go-go-barer.

Rot Fai Market

En nattmarknad som verkligen sticker ut i Bangkok är Rot Fai Market. Ordet "rot fai" betyder tåg på thailändska, och tidigare låg Rot Fai Market intill tågspåren som löpte förbi ett par av stationerna i norra Bangkok. Denna mycket originella marknad var dock tvungen att stänga 2013 på grund av banarbete. Marknaden flyttades då till östra Bangkok, Srinakarin Road soi 51, bakom shoppingcentrumet Seacon Square.

En något mindre version av Rot Fai Market, som går under namnet Ratchada Train Market, öppnade 2015 på en mer central plats i Bangkok, nämligen bakom shoppingcentrumet The Esplanade, som ligger på gångavstånd ifrån tunnelbanestationen Thailand Cultural Centre. Vad som skiljer dem båda åt från andra marknader i Bangkok är den stora mängden kuriosa man kan hitta, och inte minst marknadernas fokus på konst, retro och udda second-hand-butiker som säljer allt mellan himmel och jord.

På så väl Rot Fai Market vid Seacon Square, som man lättast tar sig till med taxi (närmaste skytrainstationen är On Nut på Sukhumvitlinjen), som på Ratchada Train Market är stämningen riktigt trevlig. Och om man vill så kan man stanna ute hela natten för att shoppa, dricka och se liveband spela. Rot Fai Market vid Seacon Square är öppet från fem på eftermiddagen till midnatt varje torsdag till söndag. Ratchada Train Market är också öppet från torsdag till söndag, men stänger mycket senare. På båda marknaderna, men i synnerhet på Ratchada Train Market, är det möjligt att festa till långt in på morgonen.

Suan Lum Night Bazaar Ratchada

Suan Lum Night Bazaar Ratchada är en nattmarknad som förenar alla element som behövs för att ha en rolig och spännande utekväll med kompisarna eller familjen. Trots att själva marknaden är ansenlig, och utgörs av både en inomhus- och en utomhusdel, är det underhållningen som står i centrum. På Suan Lum Night Bazaar Ratchada kan man titta på thaiboxningsmatcher, se liveband spela, njuta av olika uppträdanden och artister samt gå på Playhouse Ladyboy Show – en kabaré med enbart så kallade Ladyboys (transvestiter och transsexuella), där man bjuds på en extravagant föreställning fylld med moderna och klassiska låtar. Nattmarknaden och nöjesutbudet kompletteras av ett nybyggt femstjärnigt hotell med över 800 rum som går under namnet the Bazaar Hotel.

Suan Lum Night Bazaar Ratchada är öppet dagligen året runt från klockan fyra på eftermiddagen till midnatt, men vanligtvis pågår festandet till långt in på småtimmarna. Snabbaste vägen hit är med tunnelbana. Marknadsområdet ligger på gångavstånd ifrån stationen Lad Prao.

Asia Revealed Publishing Company

BARNENS BANGKOK

Vid en första anblick kan Bangkok tyckas vara en något ogästvänlig stad för barn och barnfamiljer. Nöjesutbudet tycks vara centrerat kring krogkvällar, barer, klubbar, shopping och tempel. Men faktum är att i och strax utanför Bangkok ligger många stora, annorlunda, spännande och riktigt roliga utflyktsmål som passar alla i familjen.

De som listas nedan är bara ett utdrag av allt man kan hitta på med barnen i Bangkok (för en mer utförlig lista av utflyktsmål rekommenderas reseguiden *Familjenöjen i Thailand*, utgiven av Asia Revealed Publishing Company).

Art in Paradise

Art in Paradise är ett galleri med interaktiva 3D-målningar, fast då inte hologram, utan i form av faktiska tavlor. Vad det handlar om är att skapa illusionen av att betraktaren stiger in i konstverken. Målningarna är mycket stora, täcker i många fall hela väggar och halva golv, och erbjuder makalösa fotomöjligheter där man själv så att säga blir en del av motivet. Vid flera av väggtavlorna finns det även instruktioner för hur man bör placera sin kropp för att på bästa möjliga sätt skapa illusionen av att befinna sig inuti själva kompositionen. Man skulle kunna säga att samtliga målningar på Art in Paradise är ofullständiga fram till dess att någon tar del av dem.

Utflykten kan med lätthet kombineras med andra aktiviteter på plats eftersom Art in Paradise ligger i shoppingcentrumet the Esplanade, strax bredvid tunnelbanestationen Thailand Cultural Centre. På the Esplanade finns det bland annat en mycket fin skridskorink.

Bounce at Street

I närheten av the Esplanade ligger ett mindre men långt mycket modernare shoppingcentrum som heter the Street. Likt namnet antyder är målgruppen yngre generationer med koll på det senaste, vilket inte minst visar sig i designen. I detta shoppingcentrum hittar man Bounce, vilket är en trampolinpark som upptar det mesta av ett helt våningsplan. Trampolinerna och studsmattorna har dessutom kombinerats med klätterväggar, skumgummihoppgropar och andra roliga aktiviteter. Ett relativt nytt tillägg är hinderbanan med inslag av både parkour och TV-programmet Ninja Warrior.

Bounce på Street passar alla i familjen, både stora och små, och så väl atleter som nybörjare. Bounce har nyligen även öppnat en lokal på EmQuartier, som ligger mittemot shoppingcentrumet the Emporium vid skytrainstationen Phrom Phong på Sukhumvitlinjen. För att ta sig till

Bounce på the Street stiger man av på tunnelbanestationen Thailand Cultural Centre och promenerar ett hundratal meter uppför gatan.

Dinosaur Planet

Efter flera års arbete, och med över 500 miljoner baht investerade, slog Dinosaur Planet upp portarna för en första gång 2015. Målsättningen var att skapa den bästa Edutainmentplatsen om dinosaurier i hela Sydostasien. Och på området, som ligger i centrala Bangkok, har thailändarnas ständiga intresse för dinosaurier nu nått helt nya nivåer. Här finns ett dinosauriemuseum, teaterföreställningar om dinosaurier, ett slags "Escape the Room"-äventyr med dinosaurier, en 4D-bio om dinosaurier och ett gigantiskt pariserhjul, bredvid ett antal mindre karuseller, som spinner vidare på dinosaurietemat. Man behöver inte ens vara intresserad av dinosaurier för att tycka att det är kul och spännande!

Till Dinosaur Planet tar man sig lättast med skytrain. Stig av på stationen Phrom Phong på Sukhumvitlinjen. Området ligger bredvid the Emporium Shopping Mall. Ett besök gör sig absolut bäst på kvällen eftersom en stor del av underhållningen bygger på häftiga ljud- och ljuseffekter.

Dream World

Strax utanför Bangkoks norra gränser, i den angränsande förstaden Rangsit, ligger Dream World. Detta är en nöjespark med många ansikten. Dels består den av en tivolidel med klassiska karuseller, bergochdalbanor, spökhus och olika former av forsränning. Och dels finns där en vattenpark med lekställningar och fontäner. Vad som gör Dream World extra speciellt är att tivolit och vattenparken även kombinerats med ett mycket underhållande minizoo.

På The Animal Farm kan man komma djuren nära och se trevliga shower med bland annat välmående och väldresserade katter, hundar och hästar. Missa inte tillfället att gå in i den enorma fågelburen för att mata papegojorna, som i många fall är mer intresserade av att nypa folk i öronen än av fröna som erbjuds. På området finns det även en 4D-bio samt flera spännande shower. En av de mer spektakulära heter Hollywood Action och i denna show får publiken ta del av en låtsasfilminspelning. Det bjuds på explosioner, stunttricks, slagsmål och allt annat som vanligtvis ingår i en actionpackad Hollywoodrulle. Dream World kan även stoltsera med att inneha Thailands första riktiga Snow Town. I mitten av parken har ett nedkylt snölandskap byggts upp med tillhörande pulkabacke.

Temperaturen är -4 grader. Man får låna ytterkläder och pulka på plats.

Till Dream World tar man sig lättast med taxi.

Dusit Zoo

Att besöka ett zoo utanför Sverige kan ibland bli en besvärande och smått deprimerande upplevelse. Djur i för trånga och smutsiga burar, opassande miljöer, outbildad personal samt för stort fokus på underhållningen är några av problemen man kan komma att erfara. Detta är dock inte fallet med Bangkoks största djurpark Dusit Zoo, som står under både statlig förvaltning och så kallat kungligt beskydd. Parken är av en hög standard och djuren välmående och friska. På Dusit Zoo arrangeras det även åtskilliga shower där publiken bjuds på många skratt. Andra roliga och intressanta upplevelser är djurmatning och hajfiske med revar utan krok. Det stora området för reptiler, spindlar och ormar håller också en mycket hög klass och är både informativt och spännande.

På Dusit Zoo kan man hyra cyklar för att ta sig runt. Det finns även trampbåtar att hyra med vilka man kan paddla omkring i den lilla sjön i mitten av parken. Denna sjö är fylld av gigantiska varaner, karpar och sköldpaddor som man kan mata. Ett besök till Dusit Zoo gör sig bäst på helgen eftersom det då finns fler inplanerade föreställningar och shower. Till Dusit Zoo tar man sig lättast med taxi. Man kan även åka skytrain till stationen Phayatai på Sukhumvitlinjen, och därifrån fortsätta den sista biten med taxi eller tuk-tuk.

Fantasia Lagoon/Paradise Water Park

I Bangkoks tryckande värme kan det vara skönt att få svalka av sig lite, och då kan en tripp till Fantasia Lagoon (också känt som Paradise Water Park) på taket av shoppingcentrumet The Mall Bangkae vara värt ett besök. Denna vattenpark är till på köpet mycket närmare centrala Bangkok än exempelvis Suan Siam Water Park, och inte minst till ett mycket lägre pris. Inträdet är endast 100 baht och för denna summa får man uppleva ett stort vattenland uppdelat i flera lekzoner för barn i varierande åldrar: Fantasy Fountain för de allra yngsta, Pirate Cove och The Slider Tower för de lite mer vågade samt Magic Jungle, Mystery Island och Ocean 10 för alla däremellan. Vattenlek och aktiviteter blandas med barnunderhållning i form av magi- och ballongshower.

I och med att Fantasia Lagoon ligger på taket av ett shoppingcentrum kan man även, efter att ha badat klart, roa sig i spel- och lekzonen på våningsplanet rakt under poolerna. Där har man dessutom uppfört en så kallad Cartoon Town med hus och lekställen byggda i bästa tecknad stil med det välvda taket målat som en vacker sommardag. Det har till och med monterats upp ett litet inomhusvattenfall.

Till The Mall Bangkae/Fantasia Lagoon i utkanten av västra Bangkok tar man sig lättast med taxi. Man kan även åka skytrain till slutstationen Bangwa på Silomlinjen, och därifrån fortsätta den sista biten med taxi eller tuk-tuk.

KidZania

En annorlunda utflykt för barnen i Bangkok är KidZania i Paragon Shopping Center. KidZania är en miniatyrstad i mycket stor skala. Vad som gör miniatyrstaden KidZania unik är att barnen inte bara leker utan faktiskt testar på olika yrken. Det finns många jobb att välja bland, och de alla är förlagda i naturtrogna miljöer som återspeglar verkliga arbetsplatser. Barnen får göra allt det de vuxna gör i sina olika roller, och tjänar därtill KidZania-pengar. Dessa pengar kan sedan användas i en butik på området. Miniatyrstaden KidZania är relativt ny och mycket påkostad. För barnen känns det som att "arbeta på riktigt" när de ikläder sig exempelvis en pilot- eller mekanikeruniform.

Barn som vistas på området själva behöver ha vissa engelskkunskaper för att kunna förstå instruktionerna. Mindre barn är välkomna att delta i sällskap med vuxna. Det finns även ett kafé i staden för föräldrarna. Om barnen väljer att gå in själva krävs det att föräldrarna lämnar ett telefonnummer som de kan kontaktas på vid behov. Det finns även rutiner för hämtning så att inget barn lämnar området av misstag.

Ett besök till KidZania varar vanligtvis i minst tre till fyra timmar, då det finns mycket att göra och många jobb att prova på. KidZania ligger på femte våningen i Paragon Shopping Centre, som man kommer till genom att stiga av på skytrainstationen Siam. Om möjligt så bör man besöka KidZania på en vardag eftersom det är betydligt färre gäster då, vilket gör att barnen hinner med fler aktiviteter.

Madame Tussauds

I Bangkoks downtown, som är centrerat kring skytrainstationen Siam, finns det en Madam Tussauds. I och med att Madame Tussauds Bangkok är en filial av huvudkontoret i London håller dockorna en mycket hög klass och är likvärdiga med de i England.

Dockorna är uppdelade i nio kategorier, 1) Red Carpet Zone, 2) Music Zone, 3) History Zone, 4) Film Zone, 5) Leaders Zone, 6) Authentic History Zone, 7) Art & Science Zone, 8) TV Zone och 9) Sports Zone. I Madame Tussauds Bangkok förekommer det ett par asiatiska stjärnor i varje kategori, som kan vara okända för besökare från andra delar av världen, dock utgörs den stora majoriteten av vaxdockorna av internationellt kända män och kvinnor. Det finns även interaktiva lekar på plats. Till exempel kan man spela golf mot Tiger Woods och testa sin IQ mot Albert Einstein. I och med närheten till shoppingcentrumet Paragon kan man dessutom köpa en kombibiljett för både Madame Tussauds och Sea Life Bangkok Ocean World till ett kraftigt reducerat pris. Tillsammans tar dessa båda utflykter större delen av dagen. Det finns emellertid gott om restauranger och kaféer som man kan koppla av på mellan besöken.

Till Madame Tussauds tar man sig lättast med skytrain. Stig av på Siam och följ skyltningen mot shoppingcentrumet Siam Discovery.

Safari World

Safari World är, liksom många andra utflyktsmål i och omkring Bangkok, en kombination av flera olika sorters parker. Huvudattraktionen är emellertid safarituren i egen bil eller delad pickup som går längs med en åtta kilometer lång bana. Under denna tripp får man tillfälle att se en av världens få utfordringsshower av lejon och tigrar. Engelsktalande guider följer med på turen. Utöver safariresan kan man även besöka Marine World, där det bjuds på shower med bland annat delfiner och sjölejon. I den angränsande delen, River Safari World, åker man flotte i en vattenränna genom landskap som återger Afrikas och Asiens djungler. I en annan del av parken har man anlagt ett långt promenadstråk som löper genom diverse djurinhägnader, och vilket ansluter till en gigantisk bur där man får mata exotiska fåglar. På Safari World kan man dessutom gå och se spännande stunt- och cowboyshower.

Till Safari World i utkanten av nordöstra Bangkok tar man sig lättast med taxi.

Sea Life Bangkok Ocean World

På bottenvåningen av shoppingcentrumet Paragon ligger Sea Life Bangkok Ocean World, som är det största akvariet i Sydostasien. Sea Life Bangkok Ocean World inhyser allt från de allra minsta varelserna i havet till några av de största. Pingviner, stingrockor, hajar och enorma sötvattensfiskar kan åskådas genom gigantiska fönsterväggar som erbjuder panoramautsikter över naturtrogna undervattensmiljöer.

Den mest imponerande delen är emellertid glastunneln som löper längs med botten av det största akvariet. I några av de mindre akvarierna finns havsvarelser som inte är lika farliga men desto mer skräckinjagande, så som den enorma spindelkrabban, den meterlånga jättebläckfisken och de självlysande maneterna. På Sea Life Bangkok

Ocean World erbjuds det flera aktiviteter för att göra besöket mer spännande. Man kan exempelvis åka ut med en liten båt, som syns underifrån av besökarna som passerar akvarierna på bottennivån, och mata djuren med fisk. Därtill kan man hyra en specialdesignad dykutrustning för havspromenader eller simma med hajarna. Det nyaste tillägget är en 4D-bio med havstema. Inne på själva området finns det för övrigt en stor lekplats.

En utflykt till Sea Life Bangkok Ocean World, som ligger strax intill skytrainstationen Siam, kan kombineras med andra aktiviteter i närområdet, så som ett besök till Madame Tussauds.

Siam Niramit Show

En av världens största shower är Siam Niramit, som finns i både Bangkok och Phuket. Över hundra artister deltar i föreställningen och över femhundra kostymbyten hinner ta plats. Showen i sig handlar om Thailand och kommer i tre akter. I akt 1 får man lära sig om de fyra olika områdena Thailand har delats upp i och hur de har utvecklats under de senaste sju hundra åren. I akt 2 gestaltas thailändska trossystem, myter och folksägner. Och i akt 3 får man ta del av alla de festivaler och högtider som utgör kärnan i vad man skulle kunna kalla traditionell thailändsk kultur. Det är dock inte tal om några tråkiga timmar i en ordinär teatersalong, utan Siam Niramit är pepprad med storslagna scener fyllda med specialeffekter och påkostad rekvisita. Tre timmar innan varje föreställning erbjuds det dessutom tillfälle att själv testa på de olika thailändska traditionerna, så som att spela på klassiska instrument, göra batik och baka lokala delikatesser.

Till Siam Niramit tar man sig lättast med tunnelbana. Stig av på Thailand Cultural Centre. Utanför utgång 1 går det gratisbussar till teatern varje dag från 18.00 till 19.45. Biljetterna behöver dock bokas i förväg på antingen en lokal resebyrå eller via företagets webbsida.

Snake Farm

Ormfarmen i Bangkok drivs av Röda korset och är en viktig del i forskningen om ormar och produktionen av ormserum. Området är uppdelat i en utomhus- och inomhusdel. I inomhusdelen kan man lära sig om ormar och vad man bör göra om man skulle ha oturen att bli biten. Här finns flera utställningar med interaktiva installationer om ormar och miljöerna de lever i. Därtill kan man få bevittna själva processen av att utvinna gift.

I utomhusdelen ligger ett zoo med ormar från många olika geografiska områden i Sydostasien. Det är även i denna del som den dagliga showen tar plats. Personalen visar upp ett antal giftiga och ogiftiga ormar och informerar om dem i form av en mycket spännande show, som avslutas med att publiken får hålla i några av de riktigt stora arterna, till exempel den enorma anakondan. Det erbjuds även tillfälle att fotografera sig med ormarna. Och då inte på avstånd, utan med dem hängande över och runt både hals och huvud.

Till ormfarmen tar man sig lättast med taxi eller tuk-tuk. Ormfarmen ligger emellertid på promenadavstånd ifrån skytrainstationen Sala Daeng på Silomlinjen. Lämna via utgång 3 och gå mot Rama 4 Road och Henry Dunang Road. Inom 200 meter är det skyltat på höger sida mot ormfarmen och Röda korsets lokaler.

Snow Town & Kidzoona

I shoppingcentrumet Gateway Ekkamai ligger en av Sydostasiens största och trevligaste artificiella snöstäder. Området upptar en stor del av ett helt våningsplan och är uppbyggt i form av en mindre japansk vinterstad. Det finns ett par restauranger och affärer i den lilla miniatyrstaden samt ett 30–40 centimeter djupt snötäcke att leka i. Det har även konstruerats en mindre skidbacke, där man inte bara kan hyra skidor för att ta sig en tur, utan även gå på skidskola. Fyra gånger dagligen låter man snömaskinerna pumpa upp luftig snö på hustaken, som på ett givet klockslag faller i stora lass över de som vågar stå rakt under dem.

Inne på själva Gateway Ekkamai, i en angränsande del av shoppingcentrumet, ligger Kidzoona. Kidzoona är en stor lekplats uppdelad i zoner reserverade för olika sorters lek. Det är ljust, färgglatt och mycket varierat. Här finns allt från stora uppblåsbara rutschkanor till bollhav och karuseller. Åldersgrupperna man riktar sig till är från de allra minsta upp till max 12 år. Det finns utbildad personal på plats. Strax utanför Kidzoona ligger för övrigt en spelarkad där tonåringarna kan roa sig medan de yngre barnen leker. Till Gateway Ekkamai tar man sig lättast med skytrain. Gateway Ekkamai ligger i direkt anslutning till stationen Ekkamai på Sukhumvitlinjen.

Suan Siam Water Park/Siam Park City

I utkanten av norra Bangkok ligger vattenlandet och nöjesfältet Suan Siam Water Park, även kallat Siam Park City. Denna mycket stora park är uppdelad i fem zoner – Water Park, X-Zone, Family World, Fantasy World och Small World – och riktar sig till olika åldersgrupper. För de äldre finns det bland annat log flumes och bergochdalbanor med loopar av en hög internationell standard. Och för de yngre karuseller och slänggungor. Det spelar ingen roll hur stor eller liten man är eftersom Siam Park City har så många attraktioner att alla kan hitta något roligt att göra.

En dryg tredjedel av parken upptas emellertid av vattenlandet. Vattenlandet i sig är uppdelat i ett antal mindre områden centrerade runt en gigantisk pool med vågmaskin. Flera av småpoolerna ligger i anslutning till någon av de många vattenrutschkanorna. Därtill finns det en flera meter bred kanal som löper genom området och i vilken lätta strömmar knuffar en framåt i vattnet. Man behöver inte besöka både vattenlandet och nöjesfältet utan kan köpa biljetter till enbart de zoner man vill roa sig i.

Till Suan Siam Water Park tar man sig lättast med taxi.

Yoyo Land

På Seacon Square i östra Bangkok, alldeles i närheten av marknaden Rot Fai Market, har ett underhållningscentrum för barn vid namn Yoyo Land slagits upp. Området är enormt för att vara inomhus och på det närmare 10 000 kvadratmeter stora utrymmet finns det ett litet tivoli med karuseller, skaparverkstäder, arkadspel, biografer, ett inomhuståg som snirklar sig fram mellan lekzonerna, ett bollhav, en äventyrspark med piratskepp och mycket, mycket mer. Därtill har man skapat en miniversion av KidZania. På Seacon Square är detta mini-KidZania inkorporerat i lekområdet och tar kortare tid att göra samt erbjuds till ett mycket lägre pris. Yoyo Land riktar sig till barn mellan 3 och 11 år. Det är högljutt, intensivt och mycket roligt eftersom det finns så otroligt många saker att göra och testa på.

Till Seacon Square tar man sig lättast med taxi. Man kan även åka skytrain till stationerna On Nut eller Udomsak på Sukhumvitlinjen, och därifrån fortsätta den sista biten med tuk-tuk eller taxi.

Asia Revealed Publishing Company

TEMPELBESÖK

Bangkok är en unik metropol eftersom staden fortfarande har ett mycket levande band till historien och sitt buddhistiska arv. Mitt ibland alla marknader, shoppingcentrum, hotell och skyskrapor dyker det med jämna mellanrum upp utsökta små och stora tempel i traditionell stil. Att gå till dem alla är omöjligt, och inte ens önskvärt. Däremot finns det några som sticker ut och som man borde göra sitt bästa för att se.

Vid ett besök till ett tempel så är det ett par saker man bör ha i åtanke. Först och främst klädseln: man riskerar att bli portad vid entrén om man är för vågat klädd, vilket innebär att man inte bör visa benen över knäna eller armarna över armbågarna. Det finns däremot inga regler gällande skodon eftersom man ändå måste ta av sig på fötterna innan man stiger in i helgedomarna. Något annat som man bör komma ihåg är att templen även är munkarnas boendeort, vilket man ibland kanske glömmer bort i mitten av flödet av kameraprydda turister. Därmed bör man undvika att skräpa ned eller vara för högljudd.

Ett besök till ett tempel gör sig som bäst tidigt på dagen – kommer man riktigt tidigt kan man stöta på munkarna när de går sina rundor genom de närliggande kvarteren för att be om allmosor i form av mat. Maten de får under dessa morgonrundor är enligt de buddhistiska riktlinjerna det enda målet de ska äta under dygnet.

Är man i Thailand under någon form av högtid, vilket är mycket troligt eftersom den thailändska kalendern fullkomligen kryllar av röda dagar, rekommenderas det att se om något händer på kvällen i de lokala templen. Det är vanligt att de öppnas för allmänheten under nationella högtider och på tempelgårdarna brukar det slås upp marknader och karuseller. Ibland förekommer det till och med musikuppträdanden och konserter.

Wat Arun: Gryningstemplet

Likt de flesta tempel i Bangkok är Wat Arun enbart öppet under dagtid. Dock rekommenderas det att även passera Wat Arun på kvällen, då det är upplyst likt en gigantisk fackla och sprider ett gyllene sken över floden.

Wat Arun ligger på den västra sidan av Bangkok och Chao Phraya. Man tar sig till Wat Arun lättast med båt, och då från piren vid Saphan Thaksin, som knyter an till Bangkoks skytrain. Alla expressbåtar stannar inte vid den rätta piren, så innan man hoppar på en båt bör man nämna i biljettluckan att man ska till pir 8 och Wat Arun. När man väl anlänt till pir 8, som ligger på den östra sidan, så måste man korsa floden till den västra sidan med färja, vilket bara tar någon minut.

Asia Revealed Publishing Company

Wat Arun skiljer sig markant ifrån de flesta andra tempel i Thailand. Arkitekturen är unik och templet reser sig från flodkanten likt en gigantisk spira. På plats kan man se att väggarna på detta sjuttio meter höga torn är klädda i porslin och färgat glas och enligt sägnerna kom folk från hela Thailand för att donera tallrikar, skålar, koppar och glas under verkställandet av det. Utmed den branta spiran finns det trappor och om man bara orkar med den ganska utmanande lutningen så belönas man med en slående utsikt över Chao Phraya med närområde. I fall man inte lyckas ta sig hela vägen upp, men ändå vill njuta av den extraordinära synen Wat Arun utgör, så rekommenderas det att under kvällstid äta middag på någon av restaurangerna som ligger utmed den östra sidan av Chao Phraya. För när detta högresta tempel sprakar till liv av tusentals strålande lampor så känns det som om man har stigit in i ett vykort.

The Grand Palace & Wat Phra Kaew

Om man besöker Bangkok så är det något av ett måste att se det kungliga palatset och Wat Phra Kaew, även kallat the Temple of the Emerald Buddha. Själva tempelområdet ligger inom palatsets murar, vilket gör att man kan utforska dem båda på en och samma gång. Det kungliga palatset är nuförtiden inte hemvist för någon i den kungliga familjen, men många av salarna används fortfarande under viktiga ceremonier och statsbesök. Arkitekturen är fantastisk och flera av byggnaderna har för ovanlighetens skull vissa europeiska drag. Man är tillåten att röra sig relativt fritt genom det kungliga palatset, vilket inkluderar ett mindre museum.

Inne på det stora området ligger Thailands viktigaste tempel, Wat Phra Kaew. I Wat Phra Kaew hittar man dessutom en av Thailands absolut heligaste reliker, nämligen the Emerald Buddha, vilket är en Buddhastaty utskuren ur ett och samma block av jade. Denna staty utgör en viktig del av en ceremoni som utförs tre gånger årligen och som enbart kungen av Thailand får presidera över: när säsongerna skiftar mellan den varma, kalla och våta årstiden ikläddes statyn en ny kappa för att önska framgång och lycka för både landet och befolkningen.

En annan aspekt som särskiljer Wat Phra Kaew från andra tempel i Thailand är att inga munkar eller nunnor bor på området. Inne på Wat Phra Kaew kan man även hitta en modell av templet Angkor Wat i Kambodja, som är upptaget i UNESCO:s lista över världsarv, vilket tydligt visar de historiska och religiösa banden mellan de två länderna. Ett gemensamt förflutet som på grund av krig har flyttat gränsen både västerut och österut i omgångar.

På Wat Phra Kaew finns det guidade turer mellan klockan 10.00-14.00 och Personal Audio Guides (PAGs), vilket är ett litet högtalarset som kommer i språken engelska, tyska, franska, spanska, ryska och mandarin. The Grand Palace och Wat Phra Kaew ligger i stadsdelen Rattanakosin, bara ett par hundra meter ifrån floden Chao Phraya och färjorna som kan ta en till den västra sidan och Wat Arun, dock långt ifrån alla större färdmedel så som skytrain och tunnelbana. Lättaste sättet att ta sig hit är med taxi, och man behöver definitivt inte gå via en resebyrå. I motsats till andra tempel i Thailand finns det en inträdesavgift för det kungliga palatset och Wat Phra Kaew. För närvarande ligger den på 400 baht. Därtill är man extra strikta med att besökarna är respektfullt klädda, vilket innebär att man bör ha på sig skor, eller åtminstone strumpor i sandalerna, samt shorts som går över knäna och tröjor som täcker axlarna. Det finns emellertid en klädbod där man kan, mot en liten deposition, låna plagg om det visar sig att man har satt på sig för lite.

Öppettiderna skiljer sig även något från övriga tempel i Thailand. Här stänger man redan klockan 15.30.

Wat Pho: The Reclining Buddha

Det tredje stora templet som man bör besöka i Bangkok är Wat Pho, även det lokaliserat i stadsdelen Rattanakosin, en dryg kilometer söder om Wat Phra Kaew och the Grand Palace. Dessutom på gångavstånd ifrån Chao Phraya och expressbåtarna. Vad som gör Wat Pho unikt är den rent ut sagt enorma liggande Buddhastatyn som är komplett täckt av bladguld. Den är 46 meter lång och 15 meter hög, så stor att den fyller upp hela salen. Utöver denna minst sagt imponerande staty finns det ett stort antal andra av guldblad dekorerade Buddhastatyer i de omkringliggande salarna och korridorerna.

Tempelområdet på Wat Pho är inte lika stort som Wat Phra Kaew, men å andra sidan hittar inte lika många turister hit. Det finns dock, liksom på Wat Phra Kaew, engelsktalande guider att hyra för ett par hundra baht. För att göra det hela lite mer intressant kan man även köpa en skål med mynt som man ska släppa i de 108 bronskärlen som står uppradade längs med väggen för tur. En annan unik aspekt av Wat Pho är att det är centrumet för en särskild skola inom massageterapin. Och efter att man har besökt de många rummen, salarna och gårdarna rekommenderas det att ta sig till massagesalongen för att få njuta av en relativt ovanlig massagestil, som inkluderar vissa drag inom Yoga.

Inträdet till Wat Pho är 100 baht och det stänger någon timme senare än the Grand Palace och Wat Phra Kaew, vilket gör att man kan hinna med dem båda under en och samma dag.

Asia Revealed Publishing Company

SPECIELLA RESTAURANGER

I Bangkok finns det ett överflöd av restauranger och hotell och man brukar säga att den ena halvan av befolkningen lagar mat åt den andra. I många fall är denna mat, och inte minst restaurangernas menyer, ganska snarlika. Självklart finns det bättre och sämre alternativ, men vad som gör själva restaurangen till utflyktsmålet i Bangkok har som oftast inte med köket att göra, om det nu inte är en Michelinrestaurang.

Här nedan följer ett par restauranger som dock är värda ett besök eftersom de är så mycket mer än bara maten som serveras.

Baiyoke Tower II

I centrala Bangkok, alldeles i närheten av Siam, ligger huvudstadens näst högsta byggnad, Baiyoke Tower II. Man kan inte missa den, särskilt inte på väg in till Bangkok från flygplatsen Suvarnabhumi. Skyskrapan är 88 våningar hög, indelad i zoner och för enbart 300 baht får man tillgång till de flesta. På våning 84 finns det exempelvis ett roterande däck som låter besökarna spana ut över Bangkok i alla fyra väderstreck. Och på våning 77 ligger en så kallad Skywalk med enorma panoramafönster och stora kikare. I våningsplanen under, sammanlagt sex stycken, har man klämt in ett stort shoppingcentrum. Restaurangutbudet är till på köpet riktigt varierat. Några av de bästa hör till det fyrstjärniga hotellet som ligger i byggnaden. Många av restaurangerna som upptar de övre våningsplanen är olika former av bufféer, dock med ett ständigt fräscht och nylagat utbud. Man har dessutom anlagt en så kallad Floating Market på våning 75 med traditionella rätter och utsmyckningar. Det låter måhända lite konstigt att slå upp en vattenmarknad i toppen av en skyskrapa, men trots att resultatet är något kitschigt adderar det tveklöst till helhetsupplevelsen av Baiyoke Tower II. Som en bonus kan man betala en liten slant för att få använda hotellets spa.

Att ta sig till Baiyoke Tower II, som ligger på Ratchaprarob soi 3, kräver dock en ganska lång promenad från någon av de närmaste skytrainstationerna Chit Lom eller Ratchatewi. Lättast är att ta en taxi.

Cabbages & Condoms

En av de mest udda restaurangerna i Bangkok är Cabbages & Condoms (Kål och Kondomer) med sin absurda slogan "Our food is guaranteed not to cause pregnancy".

Cabbages & Condoms, som nu har utvecklats till en nationell kedja, startades av en före detta politiker som ansåg att mer behövde göras för att komma till rätta med många av de sociala problemen som fanns, och fortfarande finns, i Bangkok. En del av dessa problem handhas av organisationen Population and Community Development Association (PDA), vilka bland annat arbetar med familjeplanering, oväntade graviditeter och könssjukdomar. Att prata om sex i Thailand, i synnerhet med ungdomar, är något av ett tabu, och detta har resulterat i en statistiskt sett hög frekvens av tonårsgraviditeter. Cabbages & Condoms försöker bryta dessa tabun, och en del av vinsten går till organisationen PDA för att underlätta deras arbete.

Maten på Cabbages & Condoms är både internationell och lokal av en synnerligen hög standard. Detta etablissemang är emellertid lika mycket skön cocktailsalong som fullfjädrad restaurang. Men det är som sagt inte maten och drinkarna som utgör lockelsen utan den riktigt udda inredningen, som gör slag i saken att oblygt marknadsföra kondomen. Runt omkring den mycket vackra restaurangen – på kvällen lyser hela området upp av de tusentals lampor som lokalen dekorerats med – finns det mannekänger draperade i klädesplagg gjorda uteslutande av kondomer. Denna absurda dekor kompletteras av ett litet vattenfall som brusar i bakgrunden samt ett band som framför traditionell musik på traditionella instrument.

Cabbages & Condoms ligger i centrala Bangkok på Sukhumvit soi 12, vilket är inom gångavstånd från tunnelbanestationen Sukhumvit och skytrainstationen Asok.

Vertigo Roof Top Restaurant

Många av de intressantaste och mest luxuösa restaurangerna är belägna i femstjärniga hotell. Detta gäller även Vertigo Roof Top Restaurant, där man har tagit konceptet "Roof Top Restaurant" till nya, svindlande höjder. Hotellet Banyan Tree Hotel ligger i affärsdistriktet Sathorn på South Sathorn Road, inom gångavstånd från tunnelbanestationen Lumpini och skytrainstationen Chong Nonsi. Å andra sidan kan "gångavstånd" i Bangkok kännas både svettigt och långt och det absolut bekvämaste sättet att ta sig till Banyan Tree Hotel är med taxi. I synnerhet eftersom restaurangens klädkod kräver en någorlunda formell utstyrsel. Det vill säga inga sandaler, shorts eller träningskläder.

Byggnaden är en av de högsta i Bangkok och Vertigo Roof Top Restaurant ligger på våning 62. Vad som skiljer Vertigo från många andra så kallade Roof Top Restaurants är att restaurangen inte är inomhus, utan ligger helt i det fria med bara en tunn glasbalkong som barriär mot ett fritt fall ned till marken. Detta innebär att öppettiderna är beroende av väderleken. Regniga dagar är det helt enkelt stängt. Men i övrigt är detta en av de absolut bästa restaurangupplevelserna man kan få i Bangkok. Maten är komplex och baren uppe på Vertigo matchar restaurangens exklusivitet. För alla de som känner för att byta ut Bangkoks heta och svettiga vardag under en kväll mot lyx och svala vindar på sextioandra våningen är detta ett absolut måste.

Grand China Princess Revolving Bar

Ett långt mycket billigare och mer avslappnat alternativ till femstjärniga Vertigo är den roterande baren på taket av hotellet Grand China Princess. Denna restaurang ligger i hjärtat av China Town och är ett perfekt komplement till den kaotiska gatupulsen. Här kan man ta en paus från alla de ljud, dofter och syner som fyller upp den intressanta och intensiva stadsdelen China Town, som upptar kvarteren omkring Yaowarat Road.

Det tar två timmar för baren att fullborda ett helt varv, vilket innebär att man hinner insupa utsikten i alla fyra väderstreck under en middag. Baren öppnar klockan 17:00, men liksom alla andra Roof Top-restauranger i Bangkok är det som vackrast runt solnedgången. Efter middagen rekommenderas det att ta sig ut i China Town för att erfara en genuint livlig och färgsprakande stadsdel.

Asia Revealed Publishing Company

MICHELINRESTAURANGER

Bangkok är en modern och internationell storstad som drar till sig folk från världens alla hörn. Detta har under senare år lett till att flera internationellt kända kockar med åtskilliga Michelinstjärnor under bältet har öppnat restauranger i Bangkok. För de som vill ha något utöver det vanliga, och inte nödvändigtvis thailändsk mat, rekommenderas ett besök till någon av följande tre restauranger.

Nahm

Huvudkocken på Nahm Restaurant är australiensaren David Thomson, som var den första kocken någonsin som tilldelades en Michelinstjärna för thailändsk matlagning. Restaurangen Nahm, som ligger vid hotellet COMO Metropolitan Bangkok på South Sathorn Road, någorlunda nära skytrainstationen Chong Nonsi och tunnelbanestationen Lumpini, röstas varje år fram som en av de absolut bästa restaurangerna i världen när det kommer till thailändsk mat. Vad som gör maten extra intressant är att menyn inte enbart består av de mest komplicerade rätterna i det thailändska köket, utan även av så kallad "street food", dock med en raffinerad touch.

J'aime

Kocken Jean-Michel Lorain har tilldelats tre Michelinstjärnor genom åren och när han öppnade restaurangen J'aime på hotellet U at Sathorn så var det den mest prestigefyllda i hela Bangkok.

Jean-Michel Lorain har sina rötter i Frankrike och för alla som har tröttnat på det thailändska köket är detta ett absolut måste. Maten på J'aime är i grunden fransk, men med en viss internationell touch. Menyn är i många avseenden en avspegling av menyn i Jean-Michel Lorains stjärnrestaurang i Bourgogne, Frankrike. J'aime ligger på soi Ngam Duphli. Närmaste tunnelbanestation är Lumpini. Hotellet erbjuder dock gratis transfer om man bokar bord i förväg.

Vogue Lounge

Vogue Lounge startade som en bar men utvecklades till att bli en av Bangkoks absolut trendigaste och mest omskrivna restauranger. Menyn är komponerad av kocken Vincent Thierry, som har erhållit två Michelinstjärnor. Rätterna består av en internationell blandning av det bästa från de mest klassiska köken runtom i världen. Men hit går man inte bara för att äta utan även för att dricka. Den exklusiva baren är minst lika framträdande som restaurangen och håller öppet till sent på natten.

Att ta sig till Vogue Lounge är mycket enkelt eftersom restaurangen ligger mer eller mindre precis bredvid skytrainstationen Chong Nonsi på Silomlinjen.

Asia Revealed Publishing Company

BANGKOK AFTER DARK

De flesta som kommer till Bangkok är väl medvetna om att det finns flera stora Red Light District-områden i staden, vilket på sätt och vis är förvånande med tanke på att den thailändska lagstiftningen gällande sexhandel är snarlik den som finns i vissa mer restriktiva länder i Europa. Å andra sidan existerar det en tradition i Thailand av att män håller sig med älskarinnor, och flera undersökningar har visat att majoriteten av kunderna till bordeller är just thailändska män. Inte desto mindre är sexindustrin som riktar sig mot turister så mycket synligare än den inhemska, och det är även den som vanligtvis diskuteras i massmedia.

Vad som komplicerar situationen ytterligare är det faktum att sexindustrin har kommit att utgöra en ansenlig del av Thailands skuggekonomi, och pengarna som genereras går inte bara ned i go-go-dansarnas, barflickornas och hallickarnas fickor utan färdas även tillbaka till den fattiga landsbygden. Den thailändska attityden gentemot sexindustrin är därmed i många avseenden en återspegling av hur det står till med landets socialförsäkringar och pensioner. För det är just denna påtagliga brist på ekonomiska skyddsnät som gör att rättsväsendet ser mellan fingrarna på vad det är som ofta pågår helt i det öppna. I och med det är det individen själv som i slutändan måste ta ställning till vad man finner acceptabelt och oacceptabelt.

Soi Cowboy

Soi Cowboy, som ligger på gångavstånd från skytrainstationen Asok på Sukhumvitlinjen, strax bredvid det stora shoppingcentrumet Terminal 21, är förhållandevis städat trots det stora utbudet av go-go-barer. Vägen som leder genom kvarteret är kantad av barer där lättklädda kvinnor arbetar som inkastare. De flesta är emellertid inte särskilt framfusiga eller påträngande utan agerar som värdinnorna på liknande semesterorter i andra länder.

Inne på själva barerna brukar det som oftast finnas en eller två scener där knappt påklädda, och ibland fullt nakna, kvinnor dansar. Värdinnor erbjuder sig att sitta med kunderna och det förväntas av kunden att bjuda på drinkar, vilka värdinnorna får kommission på. På Soi Cowboy är det i nästan samtliga fall fasta priser som gäller, och vilka man kan se på tydliga prislistor. Det finns inga entréavgifter för att komma in på barerna och go-go-klubbarna. Fasaden är på så sätt ganska ordinär och stabil för att vara ett Red Light District-område. Bluff- och båg-affärerna uteblir för det mesta och risken för att stöta på kriminella är mycket låg. Prostitutionen som pågår sker även i bakgrunden, och som besökare är det mycket möjligt att undvika den helt och hållet om man bara är ute efter bra livemusik, goda drinkar och dansshower med lättklädda kvinnor.

Patpong

Patpong, som tidigare var ett av Sydostasiens absolut värsta Red Light District-områden, har under senare år blivit mycket mer städat, säkert och turistorienterat, vilket dock inte medfört att några av den gamla tidens allra mest beryktade shower försvunnit – termen "ping pong-show" myntades på just Patpong, och än i dag finns det undangömda barer där man kan hitta underliga föreställningar med nakna kvinnor som använder de nedre delarna av sina kroppar för att skjuta sönder ballonger med blåsrör. Det är även på dessa klubbar som turister oftast råkar illa ut.

Den gällande regeln på Patpong är att allt på gatuplanet, varse sig det handlar om krogar, restauranger eller go-gobarer med dansunderhållning och shower, är reglerat och säkert medan allt som ligger en eller två trappor upp, och som man enbart erbjuds passage till av kringstrykande inkastare, är skumma tillhåll där man med största sannolikhet kommer att luras på pengar. Ett vanligt tillvägagångssätt är att personalen enbart släpper in en eller två kunder åt gången. Väl på plats låser de ytterdörren och vägrar att släppa ut gästerna förrän de betalat en rejält saltad nota för de udda varietéerna.

Patpong är även den största scenen i Bangkok för transvestiter och transsexuella underhållare, vilka går under den samlande beteckningen Ladyboys. Liksom med prostitution och go-go-barer i övrigt i Thailand väcker Patpong många viktiga frågor till liv, och det är besökaren själv som måste avgöra vad man bör och inte bör göra. Å andra sidan, vilket ovan nämnts, har kvarteret städats upp och det finns både CCTV och turistpoliser närvarande, vilket gör det till en förhållandevis trygg och säker plats med undantag av ficktjuvar. Dessutom ligger det en stor nattmarknad i samma område samt flera västerländska restauranger och sportbarer, vilka lockar till sig minst lika många besökare som Patpongs go-go-scen gör.

Patpong ligger bara ett hundratal meter från skytrainstationen Sala Daeng på Silomlinjen. Man kan även stiga av på tunnelbanestationen Silom för att ta sig hit.

Nana Plaza

Nära skytrainstationen Nana på Sukhumvitlinjen ligger Nana Plaza. I motsats till Soi Cowboy och Patpong riktar sig detta Red Light District inte till vanliga turister som av en eller annan anledning låtit nyfikenheten ta överhanden, utan besökarna utgörs nästan uteslutande av ensamma män på jakt efter prostituerade. På både Patpong och Soi Cowboy finns det en livlig musikscen med många bra liveband samt marknader och västerländska restauranger, kaféer och sportbarer. På Nana Plaza däremot är det just sextemat som står i fokus, vilket medför att inkastarna är långt mycket mer påträngande. De prostituerade smyger inte heller med sina tjänster, som på de övriga platserna, utan annonserar helt öppet om vad det finns att köpa. På Nana Plaza går det helt enkelt inte att missa vad det hela handlar om, och det är inte heller ett område som man förirrar sig in i av misstag. Skyltningen, barernas utseende och servitrisernas klädsel uttrycker klart och tydligt vad man kan förvänta sig att hitta här, och inte minst bli erbjuden.

Motsägelsefullt nog är Nana Plaza mycket centralt placerat och på gångavstånd från flera fyr- och femstjärniga hotell, skytrainstationer och shoppingcentrum. Under dagtid smälter det in i stadsbilden utan att dra till sig någon som helst uppmärksamhet. På natten däremot lockar denna bit av kvarteret till sig helt andra besökare.

Asia Revealed Publishing Company

NATTKLUBBAR

Många som reser till Bangkok planerar att besöka templen, njuta av den goda maten, shoppa loss på marknaderna och lyxa till det på de exceptionellt billiga fyr- och femstjärniga hotellen. Men faktum är att Bangkok även har ett pulserande klubb- och nattliv som inte alls handlar om de sedvanliga barerna man ofta stöter på. Det vill säga barer där samtliga servitriser är unga thailändska kvinnor och de flesta besökare är ensamma västerländska män.

RCA

I många avseenden är Bangkok Sydostasiens New York. Nattlivet är i gång sju dagar i veckan och det går alltid att hitta ett brett utbud av klubbar, oavsett när man beslutar sig för att gå ut. Klubblivet är i mångt och mycket koncentrerat omkring ett kvarter som heter Royal City Avenue (RCA). Detta område lyder under särskilda regler, vilket gör att festandet kan pågå långt efter att det har stängt ned på andra ställen. Huvudgatan på RCA kantas av barer och nattklubbar som spelar allt från hip-hop och Electronic Dance Music (EMD) till drum n'bass och house. På de större klubbarna är det inte ovanligt att se kända internationella DJ-namn. Klientelet är oftast thailändare med pengar och så kallade expats, det vill säga västerlänningar som är bosatta i Bangkok. Turister iförda sandaler och strandshorts riskerar att bli portade i dörren.

RCA är lokaliserat mellan tunnelbanestationerna Phra Ram 9 och Petchaburi. Det är emellertid för långt för att gå och lättaste sättet att ta sig till RCA är med taxi.

Klubbar på Sukhumvit

Utöver RCA finns det åtskilliga andra omtalade och stora nattklubbar i Bangkok som har både internationellt kända DJ:s och lokala förmågor. Många ligger omkring gatan Sukhumvit. Å andra sidan är Sukhumvit en extremt lång gata och det är inte så att man kan ta en taxi till just Sukhumvit för att sedan promenera runt och kolla läget.

Några av nattklubbarna som slagits upp i anknytning till Sukhumvit är Levels Club & Lounge (soi 11), Insanity (soi 12), Glow (soi 23), Sing-Sing Theatre (soi 45) och Grease Nightclub (soi 49). Om man bara nämner numret på gatan, det vill säga vilken soi på Sukhumvit man ska till, så hittar alla taxichaufförer utan problem.

Asia Revealed Publishing Company

UDDA UTFLYKTER

I Bangkok finns det en handfull ställen och aktiviteter som man helt enkelt måste besöka och göra eftersom de är så pass unika.

Khaosan Road

Vägen, eller kanske snarare kvarteret, Khaosan Road är något man antingen älskar eller hatar. Fram till 1980-talet var det som vilken annan plats som helst i de lite fattigare delarna av Bangkok (faktum kvarstår att det fortfarande inte händer tillräckligt mycket rent finansiellt för att tunnelbanan eller Bangkoks skytrain ska ha dragits in i distriktet), men så började en särskild gata dra till sig backpackers, vilket sakta men säkert satte igång en utveckling som inte kunde stoppas.

Vandrarhem efter vandrarhem, billig restaurang efter billig restaurang, klubb efter klubb dök upp och i takt med att ryktet spred sig om att detta var navet för backpackers i Sydostasien förvandlades Khaosan Road och de omkringliggande kvarteren till en genuint internationell och multikulturell smältdegel av allt mellan himmel och jord. Genom att bara strosa nedför gatan hinner man med all sannolikhet snappa upp minst tjugo olika språk. Och för alla som snabbt vill vidare till exempelvis någon ö i södra

Thailand eller bergsstäderna i norra Thailand är Khaosan Road den ideala platsen: i vart och vartannat gathörn ligger det små resebyråer som på ett kick kan fixa fram en chartrad buss eller minivan för snabba resor precis överallt.

Khaosan Road blev än mer omtalat efter att författaren Alex Garland släppte romanen *The Beach*, 1996, som senare även filmatiserades med Leonardo DiCaprio i huvudrollen. Åren som följde såg en explosionsartad utveckling, vilket gjorde att kaoset på Khaosan Road spillde över på i synnerhet gatan Soi Rambutrii. Här kan man hitta backpackers som fastnat i veckor, ibland i månader. Folk som blivit kvar i en skruvad form av vardag under sin planerade färd mot öarna eller grannländerna.

I den ena änden av Khaosan Road ligger en polisstation, men polisen förefaller inte vara särskilt intresserad av vad som pågår i och runt omkring kvarteret med undantag av att se till att våldsbrott och stölder håller sig till ett minimum. På Khaosan Road kan man festa dygnet runt, och här festas det även dygnet runt.

Khlong Toeys slum

Flertalet turer som man kan boka via resebyråer på plats i Bangkok tar en som oftast till samma ställen, och i många fall är det bortkastade pengar eftersom alla dessa större utflyktsmål är relativt lätta att hitta till på egen hand. Å andra sidan finns det vissa delar av Bangkok som kan vara lite knepiga att nå om man inte har en guide med sig. Dessutom existerar det ett otal ställen som man omöjligen kan veta någonting om utan att först ha blivit tipsad om dem. Några av de intressantaste turerna man kan uppleva går genom vad man skulle kunna kalla "det riktiga Bangkok", med andra ord delarna av staden som inte har något som helst att göra med turism eller stora pengar.

I centrala Bangkok ligger stadsdelen Khlong Toey. Denna stadsdel är stor till både yta och folkmängd och vissa områden upptar några av de mest turistexploaterade gatorna i Bangkok, exempelvis Sukhumvit soi 20, 22 och 24. Men Khlong Toey är också hemvist för Bangkoks största slum. Man vet inte riktigt hur många det är som bor i slummen i Khlong Toey eftersom få är folkbokförda där, och dessutom så lever många av de illegala invandrarna från grannländerna Laos, Kambodja och Burma i detta distrikt. I motsats till slumområden i andra storstäder är Khlong Toeys slum relativt säker, och det finns lokala resebyråer som anordnar guidade turer genom områdets hopträngda kåkstäder. Utbudet och arrangörerna varierar från tid till annan men genom ett par snabba sökningar på nätet kan man snabbt hitta organiserade "slumtrippar". I de flesta fall är det tal om mycket små grupper av turister som tillsammans utforskar området. Det vill säga inga busslaster med folk som med kamerorna i hand beter sig likt det är ett mänskligt zoo man besöker.

I utkanten av Khlong Toeys slum, som är nära turistområdet Sukhumvit, hittar man Khlong Toey Market. Denna marknadsplats kan man ta sig till själv. Den ligger bredvid korsningen mellan Rama 3 Road och Rama 4 Road, enbart ett par hundra meter från Sukhumvit soi 22 och soi 24. Det är en massiv marknad utan några som helst turistattraktioner, och just därför en plats väl värd att utforska. Marknaden är öppen nästan dygnet runt. Det kan emellertid vara något riskabelt att promenera omkring i området efter midnatt. Å andra sidan är man – så länge man inte är berusad samt beter sig trevligt – statistiskt sett säker nästan överallt i Bangkok.

Cykelturer

Ett annat mycket intressant sätt att utforska Bangkok på är med cykel. Fördelarna är många eftersom det finns mycket som man annars inte kan komma åt eller ens komma nära. I och med hettan i Bangkok anordnas det cykelturer nästan uteslutande på kvällen och natten. Det finns åtskilliga arrangörer på nätet och flera av dem erbjuder utflykter som tar en genom, bakom och bortom okända gränder och kvarter.

Asia Revealed Publishing Company

Museum of Death

På andra sidan floden Chao Phraya, i vad som i folkmun kallas för Gamla Bangkok, ligger det mycket ansedda statliga sjukhuset Siriraj Hospital. Det är även detta sjukhus som medlemmarna i den kungliga familjen oftast besöker vid behov. För att ta sig hit behöver man korsa floden, vilket man kan göra på ett antal ställen i närheten av sjukhuset. En av pirarna som expressbåtarna lägger till vid heter just Siriraj. Sjukhuset ligger bara ett stenkast bort och är fullt synligt från båten. Promenaden dit är dessutom mycket underhållande eftersom det finns en marknad utspridd i de trånga gränderna i kvarteren mellan sjukhuset och piren. Man även korsa floden med färjorna. Strax nedanför bron Phra Ram 9 ligger en pir för färjan som åker till piren Phra Arthit på andra sidan floden, vilket dessutom är den man stiger av på om man vill ta sig till Khaosan Road. Alternativt kan man vinka in en taxi från vilken annan punkt som helst i Bangkok eftersom alla chaufförer känner till Siriraj Hospital.

Själva sjukhuset är stort och bland de många byggnaderna ligger det mycket udda, och minst sagt skrämmande, Medicinhistoriska museet. Men låt dig inte luras. Detta handlar inte om några torra föreläsningar eller montrar, informationsskyltar och utställningar över de medicintekniska framstegen, utan vad det handlar om är kroppen. Museet är uppdelat i fem mindre museer, och i dessa sektioner visas människan upp på ett sätt som inte väjer för något överhuvudtaget. En sektion är tillägnad sjukdomar, skador, deformationer och genetiska fel. Men det är inga reproduktioner som ställs ut utan faktiska organ och kroppar. I den kanske mest makabra sektionen av museet, The Forensic Room, har man förevigat personer som avlidit på olika sätt genom att sänka ned dem i gigantiska behållare med formaldehyd. Den mest beryktade kroppen tillhör en seriemördare som terroriserade Bangkok under 1950-talet.

Detta museum är ingen tivoliattraktion av typen "Spökhuset" utan en seriös utställning på ett nationellt ledande sjukhus. Det är dock fullkomligt gränslöst i alla avseenden och det finns inget som är för stötande för att visa upp. Ett besök till the Museum of Death kräver starka nerver. Men för alla som är ute efter ett utflyktsmål långt utöver det vanliga, eller helt enkelt har ett intresse för hur den mänskliga kroppen ser ut när den framställs som allt annat än vacker, kan ett besök vara värt besväret. The Museum of Death är öppet måndag till lördag mellan klockan 09.00-16.00. Entréavgiften ligger på en blygsam tiokrona.

Wang Saen Suk Hell Garden

Många västerländska lekmäns syn på buddhismen är något förenklad, och i många avseenden helt fel. Exempelvis är det vanligt att man hör folk nämna att buddhism är mer filosofi än religion eftersom det inte finns någon gud att tillbe. Detta är en sanning med modifikation eftersom man i buddhismen kan återfödas som en gud samt för att Buddha själv har i vissa buddhistiska inriktningar status av gud. Men i och med denna påstådda frånvaro av en gud – åtminstone i den kristna eller måhända muslimska bemärkelsen – så verkar många även tro att det inte heller finns en himmel och ett helvete. Detta är långt ifrån fallet, vilket ett besök till Wang Saen Suk Hell Garden visar.

Wang Saen Suk Hell Garden har uppförts vid ett tempel i sydöstra Bangkok för att illustrera vad som pågår i Naraka, den buddhistiska versionen av helvetet. Vid entrén möts man av en stor skylt som säger "Välkomna till Helvetet", och efter det stiger man in i en makaber samling displayer och scener med dockor i allt från naturtrogen storlek till veritabla jättar. Dockorna illustrerar straffen man får för olika former av synder och bland de blodiga skulpturerna hittar man folk som slits itu av helveteshundar, kokas levande i gigantiska kastruller och krossas i skruvstäd. Den som tidigare trott att buddhismen enbart handlar om karma och osjälvisk återfödelse får här en rejäl tankeställare – det buddhistiska helvetet verkar till och med vara våldsammare än de flesta andra.

Det finns fler så kallade Trädgårdar från Helvetet i Thailand, men denna är en av de största. Liksom med the Museum of Death på Siriraj Hospital bör man inte besöka Wang Saen Suk Hell Garden om man blir upprörd lätt. Och små barn bör på inga villkor följa med! Lättaste sättet att ta sig hit är med taxi. Parken ligger i den angränsande staden Chonburi. Det går dessutom bussar till Chonburi dagen och natten lång ifrån Bangkoks östra bussterminal Ekkamai. Vid Chonburi ligger även stranden Bang Saen, och om man åker någorlunda tidigt på morgonen så kan man under en dag byta ut Bangkoks hektiska storstadspuls mot sol, sand, hav och en promenad genom helvetet.

Thaiboxning – Muay Thai

Vare sig man är sportintresserad eller inte så bör man gå och se en thaiboxningsgala på någon av de två stora arenorna eftersom det handlar om så mycket mer än bara matcherna som visas. Thaiboxning, även kallad muay thai, är en integral del av den thailändska kulturen. Matcherna omgärdas av gamla traditioner och ritualer och återspeglar många viktiga kulturella företeelser i det synnerligen buddhistiska samhället. Till exempel dansen "Wai Khru", som boxarna genomför innan matcherna börjar.

"Wai Khru" betyder "hälsa läraren" och påvisar den djupa respekt som finns i Thailand mellan lekmän och lärare, oavsett om dessa lärare tar sig formen av en buddhistisk munk, en universitetslektor eller, som i detta fall, en boxningscoach. Att besöka en muay thai-arena är en helhetsupplevelse och vid tillfällen, om matcherna går mellan högt rankade fighters, ett riktigt spektakel. Det bör dock påpekas att det kan bli blodigt, även om det är ovanligt att någon skadas allvarligt i ringen.

I Bangkok finns det två stora arenor. Den äldsta heter Lumpini Boxing Stadium. Namnet kommer av att det tidigare låg bredvid Lumpiniparken. Det har nu flyttat till norra Bangkok och är lokaliserat i närheten av Don Muang Airport. Tar man sig dit själv så är den snabbaste rutten att åka skytrain till slutstationen Mor Chit på Sukhumvitlinjen och därifrån fortsätta i taxi. Ett långt mycket bekvämare alternativ är att boka en tripp via någon lokal resebyrå med transfer till och från valfritt hotell. Den andra stora boxningsarenan är Rajadamnern Stadium, som ligger mer centralt i Bangkok, närmare bestämt mellan Khaosan Road och Dusit Zoo. En biljett brukar gå på 500–2000 baht beroende på hur nära ringside man vill sitta samt om man behöver transfer.

Är man själv intresserad av att testa på thaiboxning, så finns det många bra klubbar i Bangkok med engelsktalande instruktörer. Med ett par sökningar på internet så kan man snabbt hitta ett gym som passar den tillfällige turisten. Det kanske roligaste alternativet är dock att besöka den lilla thaiboxningsringen i slutet av Soi Rambutrii, som ligger ett stenkast ifrån backpackergatan Khaosan Road. Här kan man under dagtid bara stövla in och betala en liten summa för att få testa på att träna thaiboxning med en professionell tränare. Och när man är klar så ligger ju hela det vansinniga backpackerutelivet precis runt knuten.

Asia Revealed Publishing Company

TIPS INFÖR RESAN

Thailand är i många avseenden väsensskilt från Sverige, vilket man kanske inte tänker på när man ligger i solstolen på stranden i Phuket eller slappar vid poolen på sitt fyr- eller femstjärniga hotell i Bangkok. I och med att man nästan alltid bemöts av vänlighet och idel leenden av extremt tillmötesgående chaufförer, servitörer och servitriser så glömmer man lätt bort att det existerar olika sociala och kulturella spelregler mellan våra två länder. Att i dessa korta paragrafer gå igenom dem alla är så klart omöjligt. Däremot finns det ett par viktiga riktlinjer som man bör följa om man vill visa respekt samt vinna uppskattning.

Den kanske viktigaste gäller kroppskontakt.

I Thailand existerar det en tradition av att placera det som är heligt högt och det som är syndigt lågt, vilket resulterat i att huvudet på en människa är något man bör vara extremt försiktig med att vidröra medan fötterna ska hållas undan. Rent konkret innebär detta att den uppmuntrande klappen på hjässan i Sverige, eller måhända det kamratliga rufsandet med handen genom någons hår, är ett absolut och ovedersägligt tabu i Thailand. Genom att göra detta så kränker man personen i fråga. Det är endast okej att vidröra en persons huvud i förhållandet mellan föräldrar och deras barn samt i intima relationer. Likaså bör man tänka på var man har sina fötter när man sitter och äter och aldrig peka med foten mot något man funderar på att köpa. Att nonchalant slänga upp fötterna på stolar och bord är också mycket opassande och förolämpande.

I övrigt kan man nämna att i Thailand, liksom i många andra länder i Asien och Mellanöstern, existerar det ett slags hederskultur och man gör sitt bästa för att inte förlora ansikte, särskilt i offentliga sammanhang. Således är det bäst att undvika alla former av konflikter, om möjligt, eftersom det annars finns en liten risk att det hela spårar ur fullständigt. En allmän lyhördhet för andras sinnesstämning samt självkontroll anses vara mycket goda karaktärsegenskaper i Thailand, och genom att inte skrika och ha sig kan man få genuin hjälp av folk som innerligt vill ens bästa.

För resor utanför Bangkok

Har man tröttnat på Bangkok och vill vidare ut i Thailand så finns det i huvudsak tre olika alternativ: långfärdsbuss, tåg samt flyg. Långfärdsbussarna avgår från tre olika stationer i Bangkok beroende på åt vilket väderstreck man ämnar åka. För resor norr om Bangkok behöver man ta sig till Mor Chit busstation, som ligger en kortare resa från skytrainstationen Mor Chit på Sukhumvitlinjen. För resor västerut och söderut behöver man ta sig till den södra busstationen, som ligger ganska långt västerut i Bangkok på andra sidan floden Chao Phraya. Och om man ska åka österut behöver man ta sig till busstationen Ekkamai, som ligger på gångavstånd från skytrainstationen Ekkamai på Sukhumvitlinjen. Från dessa tre stationer avgår bussar till samtliga andra städer i Thailand mer eller mindre dygnet runt. Som oftast behöver man inte boka biljett utan det räcker med att ta sig till busstationen och där hoppa på första bästa som avgår. Man bör dock vara uppmärksam på vad det är för en bussbiljett man köper. Det finns både luftkonditionerade och icke-luftkonditionerade bussar. Att sitta på en icke-luftkonditionerad buss som korsar Thailand må vara billigt, men även plågsamt varmt.

Tågen å andra sidan avgår från centralstationen Hua Lamphong, som även knyter an till tunnelbanan. Tågbiljetterna kommer i många olika klasser och uppsättningar, från luftkonditionerade privata kupéer till hopträngda stolar i icke-luftkonditionerade vagnar. Det är fullt möjligt att köpa biljett på Hua Lamphong och bara hoppa på tåget, men i och med att avgångarna är långt mycket färre än för långfärdsbussarna så rekommenderas det att boka i förväg.

Det absolut bekvämaste och snabbaste sättet att ta sig runt i Thailand är emellertid med inrikesflyget, och ofta går det att komma över biljetter som är billigare än både långfärdsbussarna och tågen. För budgetbiljetter med snabba och regelbundna avgångar rekommenderas bolagen Air Asia och Nok Air. Det finns fler aktörer på marknaden, med dessa alternativ har den bästa kombinationen av säkerhet och prisvärdhet.

På ställen som Khaosan Road, samt via lokala resebyråer, kan man även köpa biljetter till chartrade VIP-bussar och snabba minibussar.

Asia Revealed Publishing Company

BRA ATT VETA

Ibland kan oturen vara framme och plötsligt så ligger man där med ett brutet ben från en trafikolycka. Eller så kanske man har tappat bort sitt pass, fått kreditkorten stulna, hamnat i blåsväder med den lokala polisen eller ådragit sig denguefeber.

I de följande sektionerna följer korta beskrivningar av viktig information som kan underlätta i fall något mindre trevligt skulle inträffa.

Sjukhus, kliniker och tandvård

I Bangkok är man aldrig långt ifrån ett sjukhus eller en klinik. Sjukhusen i Bangkok kommer i två uppsättningar: privata och statliga. Har man en reseförsäkring så rekommenderas det att besöka de privata sjukhusen eftersom de har lång erfarenhet av turister. Det finns en stigande skala av lyx i förhållande till de privata sjukhusen och de mest fashionabla är som femstjärniga hotell. För de flesta olyckor och åkommor erbjuder de dock mer eller mindre likvärdig vård.

De statliga sjukhusen rekommenderas för folk som av en eller annan anledning åkt till Thailand utan en giltig reseförsäkring. Prisskillnaden mellan ett statligt och ett privat sjukhus är astronomisk – å andra sidan känns det kanske inte alltid så tryggt att läggas in på ett statligt sjukhus för mer komplicerade fall. Men gäller det enbart benbrott, denguefeber, malaria eller någon annan så att säga vardaglig sjukdom eller olycka som personalen har erfarenhet av, så behöver man inte oroa sig för mycket mer än de ibland långa kötiderna. För mindre åkommor, som dock kräver medicinering, kan man istället besöka någon av de otaliga klinikerna i Bangkok. Läkarna där kan snabbt skriva ut recept på exempelvis antibiotika om man fått något magvirus. Många tar även reseförsäkringar, men i och med att kostnaden för ett besök ofta är under självrisken så kan det löna sig att stå för notan själv.

Behöver man besöka en tandläkare så kan man likaså hitta små mottagningar i mer eller mindre varje kvarter. Priset är lågt och för smärre ingrepp behöver man inte oroa sig för bristande kvalitet eller kompetens. Behövs ett större ingrepp rekommenderas det dock att ta sig till ett privatsjukhus, då de även har avdelningar för just tandvård.

Reseförsäkringar

Ska man besöka Thailand så bör man teckna någon form av reseförsäkring. I de flesta fall har man en reseförsäkring inkluderad i sin hemförsäkring, men för alla andra är det lönt att shoppa runt på nätet. Att köpa en försäkring som gäller i ett par veckor behöver inte kosta mycket – vinsten kan däremot hamna i miljonklassen om man skulle ha oturen att bli inlagd en längre tid på ett förstklassigt sjukhus.

Trafiken

Trafiksituationen i Thailand är kort och gott bedrövlig. Så pass bedrövlig att det finns knappt något annat land i hela världen som har lika många skadade och döda per år. Om något skulle hända på en resa till Thailand, så är det med största sannolikhet trafikrelaterat.

Det finns dock vissa försiktighetsåtgärder som man kan vidta för att minska denna risk avsevärt: åk taxi istället för tuk-tuk eftersom det finns säkerhetsbälten; beställ privattaxi vid längre resor med småbarn så att man på samma gång kan ordna med bilkuddar; åk aldrig motorcykeltaxi på hårt trafikerade vägar; var alltid uppmärksam på att det är vänstertrafik som gäller i Thailand; minns att man inte kan lita på att alla stannar vid rödljus; korsa större vägar om möjligt via gångbroar.

Sjukdomar och farliga djur

Thailand är ett tropiskt land och därmed finns det fler farliga djur än i exempelvis norra Europa. De djur som orsakar flest sjukhusvistelser är spindlar, skorpioner, ormar, maneter, tusenfotingar och så klart myggor och parasiter.

Med undantag av parasiter som kommer med skämd mat, förorenat vatten och dålig hygien finns det inte mycket att oroa sig för i Bangkok. Man har på de flesta håll arbetat effektivt med att hålla populationen av myggor nere och det hör till ovanligheten att man blir biten. Ute på landsbygden och öarna är situationen däremot en annan. Här behöver man vara uppmärksam på att smörja in sig med myggmedel. Det är även på dessa platser man stöter på spindlar, ormar och maneter. De farligaste är maneterna eftersom både ormar och spindlar gör sitt bästa för att undvika människor. För de som tar sig till stranden rekommenderas det att på plats höra sig för om det har observerats några maneter – maneter flyter med jämna mellanrum förbi i vattnen utanför Thailand och bland de som dyker upp finns det flera dödliga arter.

Med undantag av olika magsjukdomar är denguefeber en av de vanligaste åkommorna i Thailand. Denguefeber yttrar sig som en influensa med hög feber och muskelvärk. Det finns inget botemedel, dock bör man vara under uppsikt av sjukhuspersonal eftersom det finns en liten risk att denguefebern utvecklar dödliga följdsymptom. För en allmänt frisk person är det dock fullt möjligt att ha denguefeber utan att ens veta om det. Ett tips är att ta sig till doktorn för blodprov om ens feber inte har gått ned efter två till tre dagar.

Eluttag och elledningar

Elledningar, eluttag och andra strömförande kontakter har ofta installerats dåligt eller rent ut sagt fel. Till och med på flerstjärniga hotell är det inte ovanligt att det sprakar från uttagen när man pluggar in eller drar ut en kontakt.

I viss mån är detta problem bortom ens kontroll, vilket å andra sidan inte betyder att man inte ska be om att få byta rum om man märker att uttagen är av en dålig kvalitet. Man bör även vara uppmärksam på lågt hängande elledningar utomhus, särskilt i närheten av simbassänger.

Den thailändska polisen

Polisen i Thailand kommer i två uppsättningar: den vanliga polisen och turistpolisen. Om möjligt bör man kontakta turistpolisen vid behov eftersom de har personal som talar engelska. De har även ett eget telefonnummer, som man bör skriva ned när man kommer till Thailand.

Den reguljära polisen i Thailand kan vara lite knepigare att ha att göra med, i synnerhet om man själv har begått ett brott. De flesta brott som begås av turister i Thailand har med trafiken att göra, det vill säga att man kör utan hjälm eller berusad. Dessa situationer kan som oftast lösas relativt snabbt och smidigt. Däremot kan följderna bli långt mycket värre om brottet involverar någon som helst form av narkotika. Det är inte ovanligt att livstidsfängelse utdöms för mängder som i andra länder enbart skulle ge böter.

Lagarna som omgärdar den kungliga familjen är likaså synnerligen stränga.

Asia Revealed Publishing Company

EFTERORD

Efter att ha läst vad jag skrivit har jag kommit på ett antal andra aktiviteter och platser som kanske borde ha omnämnts. Men likt jag påpekade i förordet så måste omfånget begränsas för att bli överblickbart.

Vad som emellertid är något av ett kännetecken för Bangkok är att en sak alltid och oundvikligen leder till en annan. I denna stad är det svårt att hålla sig till en fastlagd resplan, för så snart man lämnar hotellet dyker det ständigt upp nya förslag om vart man borde åka eller göra härnäst. Platserna som pekats ut i *Bangkok i ett nötskal* är således inte de enda som är värda ett besök. Det finns mycket annat roligt, spännande och inte minst tankeväckande att hitta på och det lättaste sättet att tipsas om dessa utflyktsmål är att prata med personerna man möter.

Detta är kanske som tydligast när det kommer till ställen som Khaosan Road. Det är inte ovanligt att man träffar folk vars enda resplan har varit att ta sig till just denna backpackergatan, för att sedan se vad som kommer att hända. Och att något kommer att hända, kan man vara hundra procent säker på.

Detta om något är Bangkok i ett nötskal.